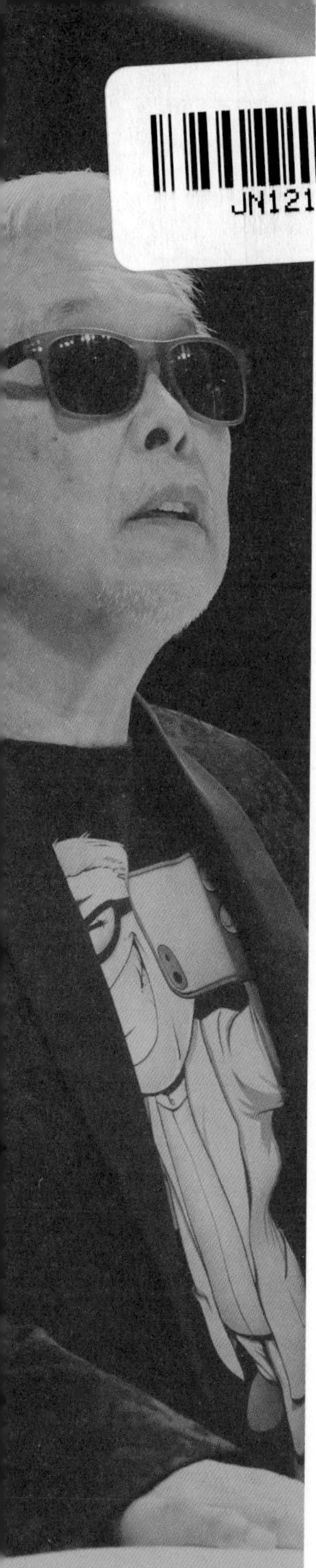

MINOGE Nº135

Cover PHOTO:
Yuhei Kudo

 © プロレスリング・ノア

燃える闘魂
アントニオ猪木

PETIT KASHIMA

俺の人生にも、一度くらい幸せなコラムがあってもいい。

VOL.134

「裸のハセヒロシ」

プチ鹿島

プチ鹿島（ぷち・かしま）1970年5月23日生まれ。芸人。『ヤラセと情熱 水曜スペシャル「川口浩探検隊」の真実』（双葉社）、発売後から大好評です。

年明け以降、ちょいちょい馳浩が話題だ。先日は『馳浩知事、石川テレビにプロレス映像提供拒否 同社の映画めぐり不満』（1月27日・朝日新聞デジタル）という記事があった。石川県の馳浩知事は定例会見で、自身が元日に出場したプロレスの興行をめぐり、馳氏の意向で石川テレビに試合映像を提供しなかったことを明らかにしたのだ。その理由として、

《馳氏は、同社制作で、昨年10月公開のドキュメンタリー映画『裸のムラ』で、馳氏や県職員の映像が無断で使用されていたとして、「肖像権の取り扱いについて、倫理的に納得できていない」と語った。そのうえで、同社社長と議論の場を持ちたいとした。》

この理由を読んで思わず笑ってしまった。なぜって映画『裸のムラ』は力を持ったおじさんの振る舞いや、権力者に対する忖度や同調圧力を描いていたからである。五百旗頭幸男監督は「石川県の政治は茶番劇が繰り返されてきた。（略）馳氏は昔から『新時代』と強調していたけれど、本質は何も変わっていないのではないか」と公開当初に述べている。

つまり今回の馳浩知事の振る舞いは映画のテーマそのままだったのである。馳浩知事は滑稽にすら思えるが、しかしこうした威圧は地元ではもの凄い「効果」があるに違いない。地元マスコミはひるまないでほしいと切に願う。

ここであらためて馳浩をおさらいしてみたい。昭和の新日本プロレスではアントニオ猪木や長州力たちが情念をたっぷり見せる、暗くて求心力のある試合をしていた。しかし馳のプロレスはやけに明るい健全なスタイルで合理的でサバサバしていた。私は馳の明るさがイヤで仕方なかった。「新日本の伝統を壊しているのでは?」と感じていた。

しかしそんな馳だがプロレスは巧かった。いざ試合となると引き込ませるときが何度もあった。たとえばスタイナー・ブラザーズとの試合。彼らは90年代新日本プロレス

のアイコンのひとつだと私は思っているが、高度な技の数々はドーム興行にも映えた。スタイナー・ブラザーズの大技を受けまくった馳浩は功労者だったと言える。これはこれで認めないといけないと思い直した。つまり私は多様な価値観を認めるという態度を90年代初期に馳浩に習ったのである。自分でもなんだか大人になった気がした。

馳はレスラー時代からソツが無くてやり手であり、最初から政治家みたいな印象の人だった。だからあっさり政界に転向したのも納得だったのだ。そんな馳浩が政治家として出世してたまにプロレス会場に「凱旋」すると現役バリバリの頃よりも会場は盛り上がる。そりゃぁ馳知事は試合に出たいでしょう。

話題になった元日の試合も私は生観戦していたが、あのあと興味深かったのが記者から肉体のコンディションを褒められると「プロなんだから当たり前だろ？ そんなつまらないこと聞くなよ。何年間プロレス記者やってんだ？（他に質問は）ない？ なぃね？ はい、終了。どいつもこいつもショッパイ記者ばっかりだ」と憤慨して去っていったのである（バトル・ニュース・1月2日）。

私はこのやりとりを見てニヤニヤしてしまった。「うまいことやってんな」という印象しかないからだ。というのも記者に悪態をついて「そんなつまらないこと聞くなよ」と言ってみせるなんてまるで〝昭和のカリスマレスラー〟みたいじゃないか。「出る前に負けること考えるバカいるかよ」とレポーターにビンタした猪木や、常にマスコミに対してピリピリしていたあの頃の長州力みたいだ。

でも馳はカリスマでも無頼派でもなく優等生レスラーだった。マスコミを利用することにも長けていた。少なくともファンに見えるオモテの範囲ではうまく見せていた。『週刊プロレス』の論調に反論したことはあったけど「プロレスラー」というより「論客」としての態度だった。馳が相手を務めた安田忠夫のデビュー戦は自分で試合レポを週プロに書いていた（！）。そういう立ち回りのよさは、レスラー像として新鮮だったが鼻につきすぎた面もあったと思う。

しかしあれから時が経ち、政治家でも出世した馳がリングに立つとある意味、馳浩史上、今は何をやっても観客からウケるのである。そうした空気を察知した「プロレスラー馳」はあえてプロレスマスコミに強気に出てきたのだろう。今ならなんでもウケると判断したのだろう。だからわざとらしくプロレス記者に厳しい言葉を言うのだ。まるで自分も昭和のカリスマレスラーだったかのように振る舞うのだ。言ってみれば歴史の改ざんをしているのである。そういうとこなんだよ馳浩は。

以上が私から見える「プロレスラー・馳」の悪態ぶりっ子の様子だが、今回の石川テレビに対する記事を見ると「政治家・馳」はどうやらぶりっ子でも何でもなく本当に権力を振りかざしているのだ。政治家になって権力に対して慎重にならないとこうなってしまうという好例である。『裸のムラ』ならぬ『裸のハセヒロシ』。今こそかつての週プロの名コピー「馳、お前、そんなところで、何をやっているんだ？」を差し上げたい。

KAMINOGE
THE SUN ALSO RISES

収録日：2023 年 2 月 4 日
撮影：工藤悠平
試合写真：山内猛
聞き手：井上崇宏

新日本プロレス退団から３・30ＬＡでの復帰が決定。果たしてパッキャオ戦・ＡＥＷ登場は実現するのか⁉

飯伏プロレス研究所

飯伏幸太

「新日本での４年間、本当に俺はフルで20年くらい生きた感じでした。ダメージも疲弊した感じもハンパなかった。ただ、それと引き換えに得たものもあった。それは俺の中で財産だから何もミスってはいなかったと思いますね」

「新日本での4年は、自分が成し遂げていなかった部分を全部獲りにいったという期間です」

――飯伏さん、『KAMINOGE』登場は何年ぶりになりますかね。

飯伏　これねえ、たぶんリアルに4年ぶりとかじゃないですか？

――新日本に所属していた時期はまったくインタビューをやっていないですもんね。

飯伏　そう。新日本所属が2019年からだから丸4年。いやあ、本当にご無沙汰ですよ。まさか生きてるとは思わなかったですよ（笑）。

――えっ、俺が？　そりゃ生きてますよ。

飯伏　のうのうとね。でも無事で何よりですよ。で、なんで4年も取材に来なかったんですか？

――そこは逆に聞きますけど、飯伏幸太、新日本での4年の活動はなんだったんですか？

飯伏　自分にとってなんだったのか？　やっぱりプロレス団体と言われるものの中で、規模としてはいちばん大きいわけじゃないですか。ひとつだけメジャーと言われていて、毎年東京ドーム大会を開ける団体であり。

――地上波放送もあり。

飯伏　規模で言うと別格なわけですよ。そこに俺はジュニアから参戦してきて、やっぱりやり遂げていないものがいっぱいあったと。G1だったり、NEVER、インターコンチ、IWGPヘビーという、成し遂げていなかった部分を全部獲りにいったという期間ですよ。

――そこを獲るために所属になって腰を据えてやってやろうと。

飯伏　うん、そう。やっぱり腰を据えないと、なかなかそのチャンスも与えられないわけだから。それで「絶対にここでのし上がってやる」っていう気持ちも俺にはあったし、言っちゃえばもともと自分の中で「この手でプロレスを世に広めたい」っていう部分もあったわけじゃないですか。いちばん早く広まるのはここだなと思ったんですよ。

――効率よく、手っ取り早く。

飯伏　そうそう。が、しかしです。事件は起きたんですよ。

――事件？

飯伏　ええ。いろいろな事件が起きたんですよ。

――たとえば？

飯伏　いや、たとえばも何もないですよね（笑）。

——えっ？

飯伏　こんなんもう、ここで言える話ではないじゃないですか（笑）。それでずっと肩も治っていないわけだから、そこは保障していただきつつ今年1月の契約満了でおしまいと。

——肩の怪我をしたのがおととし（２０２１年）のＧ１決勝のオカダ・カズチカ戦で、右肩関節前方脱臼骨折および関節唇損傷。あの時点では全治２カ月という診断発表だったと思うんですけど、それがもう全然治らない？

飯伏　あの決勝が10月下旬で、この状態で1・4ドームでの復活はありえないと。そこからだんだんと「いや、こんなのすぐに復帰できませんよ」となって。あのですね、完治と全治は違うんですよ。全治というのは私生活がほぼ不自由なくできるようになるまで。それが２カ月ですよ。そこから完治するまでには最低でも5カ月はかかるし、プロレスはコンタクトスポーツなわけだから全治で試合をやっちゃダメなんですよね。結局、いま現在も完治はしていないわけで、去年（２０２２年）の10月でちょうど1年かけて70パーセントくらいの回復ですよ。

——ほとんど治っていないじゃないですか。

飯伏　でも現時点で90パーくらいまではなんとか持ってきましたよ。

「みんなからはよく『飯伏はメンタルがヤバい』とか言われるけど、メンタルじゃなくて本当に肩のケガがヤバいんだと」

——70パーっていうのは、痛みがある状態ってことですか？

飯伏　やっぱりトレーニングはできない。マジで1年間できなかった。本当にケガをして1年後くらいからようやくゆるい練習を始めたくらいですよ。でもウェイトトレーニングとかはいま現在も以前のようにはできないんで。

——じゃあ、ロスで3月30・31日（現地時間）にやるＧＣＷ出場が発表されましたけど、試合は厳しいじゃないですか。

飯伏　いや、俺はやります。俺ならできる！

——急にできるようになった？

飯伏　うん！　俺ならできるんだと！

——逃げない？

飯伏　逃げない！

——あきらめない？

飯伏　逃げない！　負けない！　あきらめない！　絶対にあきらめないですよ、そんなもん。もう試合はできるっしょ。そりゃ今日の時点ではできないけど、３月30日はできるよ。俺ならできる。あと1カ月半でしょ、やるしかないんだから

（笑）。飯伏幸太ならできる！

——それがプロだろと（笑）。

飯伏　それがプロだろ（笑）。

——ファンが待っているんだぞと。

飯伏　ファンが待ってんだと。ファンのためにいくらでも命を張るよ。やってやるよ、俺は。

——ファンのためにこんな肩のひとつやふたつ、くれてやると。

飯伏　こんな肩の1本や2本くれてやるよ（笑）。なんか辞めた瞬間に治りかけたよ。回復が速くなったもん。

——精神的なもんじゃねえかよ！（笑）。

飯伏　それは誘導がひどい！　なんかこの乗せられて誘導される感じ、思い出してきた。

——飯伏さん、大丈夫ですから。俺の目をまっすぐ見てください。

飯伏　あのね、俺、メンタルは全然健康なんですよ。メンタルは本当に健康なの。メンタルが悪かったたってことって生まれて一度もないんですよ。

——さすがにそれはウソ？

飯伏　本当です。でも、みんなからはよく「飯伏はメンタルがヤバい」とか言われるじゃないですか。いやいや、メンタルじゃなくて本当に肩のケガがヤバいんだと（笑）。そこだけだと。それとここ最近は母親の体調がヤバいからそのヘルプをしていたんだけど、そこに触れると「ああ、いっちゃったよ、飯伏」みたいにみんなから思われていて。

——欠場中は、お母さんの介護もしていたんですよね。

飯伏　そうなんですよ。ただそれだけなのにメンタルがヤバいって、それはちょっと違うだろうと思って。まあ、そう思われていることに関してもべつに何も思わない。俺自身は「健康、健康！」みたいな。「そりゃ肩は痛えよ。ただ俺は親の介護と自分のリハビリに向けてがんばってるんだよ」みたいな。マジでメンタルはいまも昔もまったく問題ない。

——たしかにたまに連絡を取ったら、「いま治療中なんで、あとで折り返します」っていうのが多かったですもんね。ただツイッターをやっていただけじゃないっていう。当たり前だけど（笑）。

飯伏　そう。本当にね、ずっと治療をしているし、リハビリもしているし。とにかく復活するためにがんばっていたのにまわりが勝手に騒いでね、あることないことを言い始め、ごちゃごちゃになってぶっ壊れた感じですよ。俺自身はぶっ壊れていないけど、いろんな関係性がぶっ壊れた。

「ちょっと言い方が難しいけど、日本のプロレスはやりきってはいないけど、いったんやり尽くしたんですよね」

——「メンタルが壊れた飯伏」っていうイメージは他人に作られた？　だけど壊れてはいないんだと。

飯伏　「壊れてないけどなあ」みたいな、第三者目線で見てた。「みんなおかしいな。なんでこんなちょっとしたことで騒ぐのかな?」って。

——それで（GCW主催の）『ブラッド・スポーツ』はジョシュ・バーネット本人からオファーがあったんですか？

飯伏　そうですね。ジョシュから「『ブラッド・スポーツ』で復帰しないか?」って言われて、俺はもう……。

（※ここでカメラマンが到着する）

カメラマン　こんにちは。

飯伏　あっ、こんにちは。はじめまして！　よろしくお願いします！

——ちょっともうインタビューを始めちゃっているんですけど、飯伏さんの座っている位置がどうこうあれば言ってください。大丈夫ですかね？

カメラマン　逆に何か背景に写っちゃいけないものとかありますか？

——ないですね。

飯伏　俺があるかな。俺の顔だけちょっと写らないようにしてください。

——えっ、なんで!?（笑）。

飯伏　顔はダメですね。今日は顔NGで。

——ああ、聞いてなかった。いちおう表紙を予定していたんですけどね。

飯伏　あっ、それも顔はNGで。

——でも表紙にはしろって？

飯伏　うん、表紙。

カメラマン　斬新ですね……。

——「斬新ですね……」じゃなくて、どうやって撮るんですか？（笑）。

飯伏　まあまあ、今日は特別に顔も撮ってください。フリーなんで俺が許可します。で、どこまで話しましたっけ？

——あっ、ジョシュの話です。

飯伏　そうそう、要はジョシュとの初対面は12月28日の巌流島で、リング上でジョシュのほうから話しかけてきたんですよ。「オッ、イブシサン！」って言われて「ジョシュ・バーネットがしゃべりかけてきたよ……」と思って、俺はちょっと興奮状態ですよ。

――「おっ、ジョシュだ！」って。そこはちょっとアガるんですね。

飯伏　俺世代はアガりますよ。そうしたらジョシュのほうが俺のファンだったっていう。

――あの人はプロレスオタクですからね。

飯伏　超オタクですよ。それで「○月○日のドームのイブシサンの試合は……」みたいなことを言ってきて。

――初対面の両国で？（笑）。

飯伏　両国で（笑）。それで「『ブラッド・スポーツ』っていうのをやっているんだけど」って言われて、そのとき俺はその『ブラッド・スポーツ』ってのは正直ちょっとわからなかったんですけど、「それに出てくれないか？」と。なので「あっ、いまはちょっと契約上無理です。でも、もし機会があったらそのときに」っていう感じでその日は終わったんですね。だけど結果的に契約が終わったので、ジョシュとの約束を果たすっていう感じになったんですけど。

――そういうことなんですね。普通に考えたら、新日本を辞めて一発目はどこで復帰するのかっていうのは、やっぱりレスラーとしては考えどころじゃないですか。どういう復活の仕方をするのかっていう。今回のジョシュのところで復帰っていうのはアリだなと思ったんですか？

飯伏　むしろ「これしかないな」って。

――へえー。

飯伏　どこで復帰って、日本のプロレスは……これはちょっと言い方が難しいな。まあでも、やりきってはいないけど、いったんやり尽くしたんですよね。いちばんデカい新日本で新しいベルト（ＩＷＧＰ世界ヘビー）まで作ったわけじゃないですか。

「殴られたり、ケガをすることへの恐怖感はないけど、結局ケガをしちゃったらまた欠場になっちゃうという恐怖感はある」

――日本国内ではいちおうの成果は出したと。
飯伏　そのタイミングでまたＧ１決勝のチャンスが訪れて、防衛していきたいというか。ＩＷＧＰ世界ヘビー級というＩＷＧＰヘビー級じゃない、新しいトップのベルトをもう１回巻こうと思っていたときに脱臼、骨折という事故が起きたと。だから、そこでいったん日本のプロレスというものは自分の中ではいい意味でも悪い意味でも終わったんでしょうね。クリアしたというか、とりあえずはひと通り成し遂げたわけで。

それで復帰の場としてはいろんなパターンがあるとは思うんですよ。ケニー・オメガとのつながりでAEWでもいいし、どこでも復帰はできたはずですよ。でも、ここまでいろんなところからオファーが来るとは思わなかったんで。

——だってまさかのRIZINからも。マニー・パッキャオとやれっていう（笑）。

飯伏　まさかのRIZIN、まさかのパッキャオ。そこはね、俺も来るとは思わなかったですよ（笑）。格闘家もしくはボクサーであっても、パッキャオと試合ができる選手なんてもう限られているわけじゃないですか。それを1年半休んでいるプロレスラーにオファーが来るっていう。こんなチャンスはもうないわけですよ。

——あっ、そこはチャンスだと思ったわけですね？

飯伏　やっぱりチャンスだと思った。チャンスと同時に、長期欠場明けでまた仮に……べつに俺は負けると思ってやるわけじゃないけど、ここでまた仮に長期欠場するなんてことになったらファンをガッカリさせてしまうという恐怖感しかない。殴られたり、ケガをすることへの恐怖感とかはないし、どうでもいいけど、もしケガをしちゃったらまた結局は欠場になっちゃうわけで、そこの恐怖感というか、その闘いはある。実際には実現するかしないかっていうのは、これからの話し合いがあるわけで、それがどうなるかっていうのはわからないですけど。

——いや、意外でしたね。パッキャオ戦、本当に実現するのならばやってやるぞという感じ？

飯伏　まあ、実際に（RIZINから）連絡がありましたからね。

——あっ、そうなんですね。

飯伏　ここまで言っていいのかはわからないけど。

——たぶん、いいですよ。

飯伏　なので今度、話にしに行ってきますよ。

——なんでも教えてくれますね（笑）。

飯伏　なんでも教えますよ。フリーですから（笑）。ぶっちゃけ、いまの時点で試合のオファーが49件来ているんですよ。

——えっ、49件も？

飯伏　そんな数すべてに返事とかできないですよ。でもジョシュのところに出ることを決めたことに関しては、ケニーからもお叱りを受けましたよ。

——怒られました？「おまえ、なんでそこなんだよ」と？

飯伏　「いや、そこじゃないだろ」って。

——普通にそんな感じでケニーから怒られるんですか？（笑）。

飯伏　「俺はまるでお母さんみたいに嫌なことを言ってるよ

うだけど……」みたいな（笑）。

――そんな前置きもあるんだ。

飯伏　「イブシはもうスターなんだよ」と。

――「もっと自分の価値を大事にしろ」と。

飯伏　そう。で、その直後に中澤マイケルから連絡があって「ちょっと（AEW社長の）トニー・カーンからのお話があります」みたいな。それでもういろいろと話がつながるわけじゃないですか。「なるほどな」と（笑）。だから遠回しにあそこからのオファーもあるってことなのかなって。あとはサウジアラビアからもちょっと危ない感じのオファーが来ています。

――それは富豪のパーティーみたいなところで「プロレスの試合をやらないか？」的なオファーでしょ？（笑）。

飯伏　まさにそうです（笑）。パーティーでの一発試合のオファーですよ。そんな感じでありえないぐらいの規模のものが動き始めてる。パッキャオ、AEW、サウジアラビア。

「やっぱりケニーは自分にとって本当に〝チェンジ・ザ・ワールド〟ですよ。まだその気持ちがあるんだっていうことを再確認した」

――みんな、新日本を辞めてフリーランスになった飯伏幸太がほしいんですね。

飯伏　それがわかんないんですよ。自分でも「もう終わったんだろうな」って思っていたんですよ。

――それに飯伏幸太ってコントロールが利かなそうじゃないですか。みんな、そこの怖さってないんですかね？　関係ないのかな。

飯伏　関係ないです。なんかもう突き抜けると関係ないと思うんですよ。

――突き抜けちゃうと。

飯伏　突き抜けちゃうと関係ない。俺、それは昔からそうだったんで、小さい頃からそこの思考はわかってた。「突き抜けたらなんにも負けない」と。最強なのは突き抜けた者なんだっていうのはわかってたんです。だから、そのままここまで生きてきてるんで。今後もそこは変わらないと思います。

――ちなみにDDTやノアからも当然オファーがあっていいと思うんですけど、そこはどうなんですか？

飯伏　そこはやっぱり、なんだろうな、あの空気感はどう説明したらいいんだろう？　もう手に負えないというか、これは難しいな。「もう飯伏は無理」っていう（笑）。だから高木（三四郎）さんとかですらもう追いつかない。俺の操作ができないっていうか、俺をどう扱っていいか、もはやわからない。

――なんか本人を前にして申し訳ないですけど、あまりおもしろくない話ですね。

飯伏　えっ、何がおもしろくない？

――なんかここはちょっと失速してほしいなっていうか（笑）。

飯伏　アッハッハッハ！　いやいや、ここから加速、加速！（笑）。

――いや、「やっぱりちょっと世の中をナメてたかもしれないです……」みたいな一面もほしいです（笑）。

飯伏　「俺、やっぱダメかも……」みたいな？

――「なんか気がついたら『KAMINOGE』くらいしか出るとこもないし」みたいな。

飯伏　あのね、それは逆に世間が許さなかったですね。今回は本当にそう思った。自分でも何もなくなるだろうと思っていたから、ひとりで細々とやろうと思っていたんですよ。

――何を？

飯伏　学校でもやろうかな、みたいな。

――プロレススクール？

飯伏　うん。プロレススクールでもやりながらゆるやかに生きていこうかなと。実際にそれもやろうと思っているけど、それだけをやることはまわりが許さなかったと。

――歩みを止めさせてくれなかった（笑）。

飯伏　だってプロレス界だけじゃなく、格闘技界からも囲いに来ましたからね。まだどうなるかわかんないですけど、とにかくチョイスはされたわけですから。

――じゃあ、これからしばらくは来たオファーに対してその都度ジャッジして、どうしようか、こうしようか、っていう期間が続く感じですか？

飯伏　そうですね。ただ返せないもの、リアクションができないものも多いので。遠回しにケニーから怒られるのも怖いし。

――ケニーの顔色をうかがいつつ生きる（笑）。

飯伏　マジでお叱りを受けるんで。やっぱりケニーは自分にとって本当に〝チェンジ・ザ・ワールド〟ですよ。ケニーにも俺にも「ふたりで世界をひっくり返そう」っていうのがあるんですよ。自分でもまだその気持ちがあるんだっていうことを再確認しました。「まだその気持ちがあったんだな」っていう。まだ「ひっくり返してやろう」とか「なんかやってやろう」っていうのがあるんだなって。

――やらかしてやろうぜと。

飯伏　だからケニーも「俺らは常に同格だろ？　おまえが下がると俺も下がる」と言うし。「そして俺が上がったら、おまえは俺についてこい。それでおまえがまた上がってくれれ

ば俺も一緒に上がる」と。「これで一心同体だから、最後は全世界を食うことになる」「そうして世界を変えるんだ」みたいな。だから「ああ、お母さん、ごめんなさい」って。

「マスコミは基本的に俺からのNGが多いです。書いてあること全部が本当じゃないから、なんか嫌だなって」

――同格でありつつ、お母さん（笑）。

飯伏　今回に関しては「ケニーお母さん、ごめん！」と思って反省しました。

――いや、『ブラッド・スポーツ』参戦に関して反省はしていないでしょ？

飯伏　まあ、反省はしていないけど、いろんなところからこまで反響があるとは思わなかったから。

――でもロスのさほど大きくない会場で復帰って、なんかめちゃくちゃいいなと思いましたけどね。

飯伏　そこを選んだのもね、やっぱり日本で復帰っていうのは難しいからですよ。なんで難しいかって、そこもお母さんが出てくるから（笑）。なんかもう、どこに出ても怒られそうじゃないですか。なので『ブラッド・スポーツ』ってちょうどいいと思ったんですよ。「これ、プロレスなのか？　なんなんだ？」っていう。格闘技でもないし、プロレスでもないような。

――でもプロレスのような、格闘技のような。

飯伏　しかもリングでもないっていう。っていうところで、ちょうどいい復帰の場所かなと俺は思ってチョイスしたんですよ。

――俺も2019年にニュージャージーで『ブラッド・スポーツ』を観ましたよ。鈴木みのるさんや鈴木秀樹さんが出ていて、会場はめっちゃ盛り上がってました。そしてWWEからスティーブン・リーガルが視察に来ていて、2階のバルコニーから「俺は好きだよ、こういうファイト」みたいな態度で試合を観ていて（笑）。

飯伏　なるほど（笑）。

――飯伏幸太IN『ブラッド・スポーツ』もちょっと観に行きたいですけどね。

飯伏　いや、俺は井上さんと一緒に行きたいですよ。

――いや、一緒には行かないですよ。

飯伏　一緒に行きましょうよ。いやいや、絶対に来てもらわないと。

――まあ、現地入りしたら絶対に楽しいに決まってるんですけどね。

飯伏　今後の飯伏幸太を追ってほしいです。

――えっ、いいんですか？

飯伏　俺を追ってもらいたいんですよ。

――でも撒くでしょ？（笑）。

飯伏　撒かないよ！（笑）。

――『ＫＡＭＩＮＯＧＥ』に追ってほしいんですか？

飯伏　追ってほしいですよ。

――いや、ちょっと待ってください。それはらしくない発言というか、ひょっとしていまマスコミからは総スカンとかなんですか？

飯伏　マスコミは基本的に俺からのＮＧが多いですね。

――あっ、飯伏さん側がＮＧ？

飯伏　うん。なんかおもしろくないというか、本当とウソを混ぜて記事を書いてくるから。書いてあること全部が本当じゃないんですよ。だからなんか嫌だなって。どうせなら『ＫＡＭＩＮＯＧＥ』くらい盛りに盛って書いてほしいなっていう。

――どうせならウソで突き抜けてほしいと（笑）。

飯伏　ウソも突き抜けたら、それは本当になるからね。

――そのウソの腕を買ってくれてるんだ（笑）。

飯伏　そう。もう突き抜けてるからね。要は俺と一緒の人種なんですよ。突き抜けてる、行き切っている人種だから。

――突き抜けたウソをついたことなんてないですけどね（笑）。

飯伏　いやいや、すでに行き切ってるんですよ。だから俺だって自分では行き切っていないと思っているだけで、まわりから見たらもう行き切ってるんですよ。だから早く俺に追いついてこいと（笑）。

「ウソはつき続けたら真実になる。盛り続けたら盛ったままが真実になります。俺の言葉は全部本当なんですけど」

――さらに凄いウソをつけと（笑）。

飯伏　それで俺のさらに上を行ってくれたら、俺もまたあなたに追いつきますからと。

――この話、本当に嫌です。

飯伏　何が嫌なんですか（笑）。

――そういうとんでもないウソつきみたいな見られ方をするのは本当に嫌です。

飯伏　でも、まわりからそういう見られ方をされているんですよ。

——誰もしてねえよ（笑）。

飯伏　少なくとも俺はそういう目で見ています。ずっとそういう人だと思ってる。

——今日、そういう人と13時に会う予定を入れていた（笑）。

飯伏　そう。そしていま会ってる。で、そういう話をしている。

——いや、これはちょっといやらしい話ですけど、私も少なからずキャリアがありますから、なんとなく雑談をしているようでいて「なんかこれ、ロスまで飯伏の試合を観に行きたくなったな」とみんなが思いたくなるような流れを作りあげようとしていますよ。

飯伏　ファンがロスに行きたい流れを作ってますか？

——まあ、現地に行けなくても絶対に配信はあるわけじゃないですか。

飯伏　まあ、そうでしょうね。

——肉体が万全ではない復帰戦、だが飯伏は這ってでもロスに行くんだと。こんなの、もうみんな観たくなっているでしょう。

飯伏　それはなっているかもしれない。

——このインタビューはなんのウソもない、むしろいいプロモーションですよ。

飯伏　そのウソがないってところにウソがあるんですよね。

——どういう意味！（笑）。

飯伏　もう言い方とか顔の表情が全部ウソっぽい。ただし、ウソはつき続けたら真実になりますから。盛り続けたら盛ったままが真実になりますから。

——いやいや、いまの会話にウソを盛り込む箇所はなかったですよ（笑）。そりゃ、できることなら私も華麗にウソをついてみたいなと思うこともありますよ。

飯伏　俺の言葉っていうのは全部本当なんですよ。

——そうでしょ？　それを私はただ聞いているだけじゃないですか。

飯伏　でも、そのあとぐらいからボーンと盛るじゃないですか。

——どういうことですか？

飯伏　取材が終わってからのドカン！　みたいな（笑）。

——あっ、編集でウソだらけの内容にするっていうことですか？　いやいや、いままでそんな編集はしたことないじゃないですか。何を言ってるんですか（笑）。

飯伏　いやいや、どうせ俺の発言はサクサク切るんですよね？

——そんなことするヤツに会いに来るなよ（笑）。

飯伏　たぶんね、この記事は頭の契約が切れた話が7、8割を占めるんですよ。あとはサクサクとカット。そして聞き手としての自分の発言にはちゃんと保険をかけて都合のいいように言い方を変える。こっちはもうそのやり口が全部透けて見えているわけですよ。いくらこっちが何をしゃべろうが、何を書かれるかわからないわけですよ。

「今日はずーっと何をやってるかわからないルチャが始まっている気がするんですよ。だってこの取材はルチャでしょ？」

――なんか、ちょっと自分がわかんなくなってきましたね……。でも、そんなウソ編集も突き抜けちゃうと、行き切っちゃった者同士で付き合えるってことですね？

飯伏　そうそう（笑）。もうね、そうやっていちいちキョトンとされても困るから。井上さんのウソは突き抜けてるんだから。盛りに盛ったものは真実になってるから。

――それは褒めてます？

飯伏　褒めてはいないですね（笑）。そのスタイルで何年になるんですか、この雑誌は？

――11年（笑）。

飯伏　11年間、ウソをつき続けているわけじゃないですか。干支1周ですよ。いまさら本当のことは書けないのもわかります。もはや本当のことを書けばそれがウソになる。いい意味でね。

――いい意味で（笑）。なんか懐かしいですね、この感じ。

飯伏　懐かしい。

――でも飯伏さん、ここではっきりと言っておきますよ。私は自分のポジションというものを正確に理解し、陰ながらというか身分を超えることなく、これからも応援しつつ静かに見守っていきますので。

飯伏　もうね、全部がウソにしか聞こえないですよ（笑）。

――いや、いまのは笑うところじゃないですよ。これが私の表明です。「チェンジ・ザ・ワールドを見届けさせてもらいます。グッドラック！」ですよ。

飯伏　なんかもうターザン山本っぽくなってきましたね（笑）。

――まったくなっていない（笑）。じゃあ、今回はあらぬ疑いをかけられないよう、ちゃんと原稿チェックをしてもらってもいいですか？

飯伏　いや、今回もチェックはしなくていいんですよ。

――しなくていいんですか？

飯伏　うん。どうせ俺がチェックして、オッケーを出したあ

とにドカンと入れる手口なわけじゃないですか。いくらチェックしても意味がない。

——あとのせサクサクで（笑）。

飯伏　あとのせサクサクですよ（笑）。それで俺が原稿チェックはしたという事実だけを残されて逃げられない状況になるんですよ。

——まあ、飯伏さんは腹をくくってるし、私なんかとは器のデカさが違うから何を書かれてもすべて飲み込むんでしょう。

飯伏　それは完全にウソ。

——それでいざ飯伏さんが固くなっても、「えっ、飯伏さん、こんなことで怒った？　器ちっちゃ」ってこっちがひく準備はできています。

飯伏　いやいや、そうなっても俺は「えっ、何が？　べつに固くなってないですよ？」って、ゴングが鳴ってるのになかなかロックアップにいかない雰囲気に持っていきますから。

——不穏試合（笑）。

飯伏　「コイツら、ロックアップまでにずいぶん時間を取るな。何か起きているのか？」みたいな。いや、まさにいまがその状態ですから。

——いやいや、そんなことはないですよ。もう開始と同時にガチッとロックアップをしたじゃないですか。

飯伏　そこからちゃんと展開してます？

——したでしょう。

飯伏　今日はずーっとこう……迂回からの唐突な、もう何をやってるかわからないルチャが始まっている気がするんですよ（笑）。だって今日のこの取材はルチャでしょ？

——「この取材はルチャでしょ？」ってどういう意味ですか？（笑）。

飯伏　この取材はルチャみたいな感じですよ。

——そうなんですか？

飯伏　攻防も速いし。

「俺は31まで本当の愛というものを知らなかった。それでなんかもう、自分は結婚とかできないんだろうなと思って」

——いや、ルチャをやってるっていう意識はなかったです。

飯伏　飛んで跳ねてをずっとしてる。

——じゃあ、これはルチャの不穏試合ですか（笑）。

飯伏　「あれ？　いま、ぶつかった？」みたいな（笑）。そういうやつですよね。

——あれ？　飯伏さん、いまって彼女いるんですか？

飯伏　もうね、本当に展開がルチャ！（笑）。彼女はいないんですよ。でも結婚したいです。

――結婚したいってず〜っと言ってますよね。

飯伏　「本当は絶対にしたくねえだろ」っていま思ってません？

――いや、結婚願望は本当にあるんだろうなと思っていますけど、でも絶対に結婚生活なんて無理じゃないですか。

飯伏　無理じゃないですよ。まったくあきらめていないんで。

――ぶっちゃけ、人を好きになることってあるんですか？

飯伏　ありますよ、もちろん。

――それは自分のステータスを上げるためにちょっとした有名人とか芸能人と付き合いたいとか、そういうのではなくて？

飯伏　それはたしかに昔は……。

――あった？

飯伏　あった。もう全部ぶっちゃけますよ。そういう時期はたしかにありました。

――で、そういう人と付き合った時期もあったんですか？

飯伏　あっ、それ聞く？

――いや、本当に何も知らないので、聞いていいのか、よくないのかもわかんないです。

飯伏　たしかにそういうのもあった。あったけど、やっぱり卒業式は突然起きる。そういうのを悪いっていう卒業式もある。

――ど、どういう意味……？

飯伏　そうやって人をランクで選ぶとかそういうのじゃないんだなって、恋愛っていうものは。

――本当の愛というやつは。

飯伏　うん。俺はその頃は本当の愛というものを知らなかった。31まで気づかなかった。だから結婚したいって言い始めてから今年で9年ですよ。あっ、32の1年はもう無で過ごしたから8年か。

――無で過ごしたというのは、どうやら自分は本当の恋愛というものをしてこなかったということに気づいたショックで？

飯伏　それでなんかもう、自分は結婚とかできないんだろうなと思って。そういうランクとかで相手を決めるものじゃないんだなっていうのに気づいたのが31ですね。そこから何もないんですよ。

――ずっと本当の愛を探し求めてる？

飯伏　だから32から活動開始ですよ。

――婚活を。

飯伏　婚活を開始してから8年。ずっと探し求めています。

——いや、男女問わず、飯伏さんって人を好きにはならないでしょ？

飯伏　何を言ってるんですか。まず俺は井上さんのことが好きじゃないですか。えっ、何を笑ってるんですか？

「俺だって『これを言ったら相手は嫌だろうな』と思いながらしゃべるときもありますよ。それはどんなヤツにでもある（笑）」

——いやあのね、本当にぶっちゃけていいですか？　飯伏さんって俺のことをゴミ箱くらいに思っていますよね？　なんか普段は言えないような話をしゃべる相手みたいな。それを話して「ああ、スッキリした」っていう。

飯伏　何を言ってるんですか。

——いや、それでいいんですよ。べつにそういうものだと思って付き合っています。

飯伏　そんな悲しいことを言います？

——悲しくないです。そりゃ最初は悲しかったですよ（笑）。最近は悲しかったけど、「うん、まあ、べつにいいよ」と。でも「なるべくそれがバレねえようにやってね」とは思っています。

飯伏　井上さん、あきらめないで。俺は好きだから。

——ごめんなさい、飯伏さん。べつに俺のことは好きじゃなくていいです。ただ、俺は応援していますから。

飯伏　あのね、「好きじゃなくていい」ではなくて、もう好きなの。それの何が悪いんですか？　じゃあ、俺の一方通行？

——じゃあ、俺のどういうところが好きですか？（笑）。

飯伏　おもしろいところ。だっておかしいもん、どう考えても（笑）。

——人として？

飯伏　いや、たぶん人としてはちゃんとしているんですよ。べつに普通の人としゃべれと言われたらしゃべれるだろうし。俺は普通の人とはしゃべれないけどね。バカだから。でも井上さんは自分はおかしいくせにそっちの普通側の人ともオッケーなの。

——違うんですよ。本当は普通の人とだけコミュニケーションが成立して、飯伏さんみたいなタイプとは本当は向いてないんだけど、仕事だから気を張って、まあニーズもあるし、みたいな感じでがんばって接しています（笑）。

飯伏　でも普段から俺の言うことにウケてるじゃないですか。じゃあ、それも営業だったってことですか？　俺はキャバクラに行ってたってこと？

——いや、飯伏幸太から学んでいます。「ああ、こういうタイプの人間はこういう特徴があるのか。だいぶ変わってるけど、そういう変なところをおもしろがればいいんだな」っていう学びの時間ですよ。

飯伏　っていうことは、おもしろくもないことをおもしろがっていたってことですもんね。

――いやいや、そんなことはないですよ。

飯伏　やっぱり俺の言うことはおもしろくなかったですか？

――そうじゃなくて、ちょっと言い方が難しいな……。「こんな頭のおかしい人とでも俺、会話ができてる」っていう喜びはあります（笑）。

飯伏　いや、俺から言わせると井上さんはミックス。どっちも入ってる。どっちもナチュラルで、普通の人とも話せるし、変わった人とも普通に会話ができる。分類で言うと、やっぱりおかしいですよね。

――べつにおかしくないですよ。いやいや、本当の本当は飯伏幸太に対して「もっと、ちゃんとしたほうがいいのにな」とは思っていますよ。「あの人はなんでちゃんとできないのかな？」とちゃんと思ってますよ（笑）。でもそういう自分が嫌です。

飯伏　どういうことですか？

――義務教育の弊害ですよ。画一的な価値観を押しつけられたことで、たとえば「人が嫌がることはやめなさい」とかって普通に思うでしょ。そういう感覚が凄くあるんですよ。

飯伏　それは俺にもありますよ（笑）。

――あっ、ある？（笑）。

飯伏　「これを言ったら相手は嫌だろうな」と思いながらしゃべるときもありますよ。そこは一緒ですよ。同類ですよ。

――誰でもあるか（笑）。

飯伏　それはどんなヤツにでもある（笑）。

――とにかく私はもう自分の身の程をわきまえているので、たぶん飯伏さんとも長く付き合えるとは思います。そこに魂を込めることもなく一定の距離を保つ感じで。

飯伏　そうやって自分を下げて、相手も下げるんですか？なんか俺が嫌なヤツになってないですか？

――なってないです。そういうところを気にしてる風な態度もちょっと嫌です。まったく気にしてないくせに。

飯伏　俺は全部真実なんだけどなあ。

「ミスをそのままで捉えたらどんどん失敗すると思うし、そこからの成功への向かい方も俺にはわかってるから」

――じゃあ、ほかに好きな人は誰ですか？「この人とは感覚が合うな」みたいな人。

飯伏　難しいな、それ。あまり人とは感覚が合わないですよね。やっぱり高木（三四郎）さんとかとは合うのかもしれないですね。

――なんだかんだで。

飯伏　うん。高木さんは井上さんと同じっスよ。俺を見て笑うもん。

――ちゃんと笑うところで笑うと。

飯伏　いや、馬鹿にはしてるんだろうけど。だってそれは井上さんからも感じますもん。箱の中にいる俺を上から覗いてる感じがありますもん。

――いや、常に見上げてますよ。

飯伏　カゴの中に入っている虫みたいな俺を見て、「さあて、どうなったかな……」みたいな（笑）。

――もうやめてもらっていいですか（笑）。

飯伏　わかりました（笑）。じゃあ、もうお互いにウソはつかない。これでいきましょうよ。

――ウソはつかないですって。飯伏さんに対してウソをつくシチュエーションがないですもん。

飯伏　いや、まあね、空気感ですよ。ウソの空気感。

――でもガッチリ真実で、本音で人と付き合っていこうとは思わないでしょ？　それって疲れるじゃないですか。

飯伏　どういうことですか？　俺はいつも本音じゃないですか。

――まあ、私も本音なんですけどね。

飯伏　いまので普段からウソだって自ら告白したじゃないですか。

――いや、でも人間同士が本音でぶつかるのって疲れるじゃないですか。

飯伏　まあ、まあね。

――どっちかが壊れるし、もしかしたら両方壊れるかもしれないし。

飯伏　ひとりひとり考えや意見が微妙に違うから、本音でいくと「ああ、ちょっとそれは違うんだけどな」ってなりながらも、片方が合わせつつやってたらズレが生じて、っていうことですよね。

――そうです。だって飯伏さんって人のアドバイスとか聞いたことないですよね？　いろんな局面でみんながアドバイスをしようとしてくれるじゃないですか。「飯伏、こうしたほうがいいよ」って。でも最終ジャッジは絶対に自分で決めるわけですよね。それでアドバイスした側が「あっ、そうなってる？　了解、了解」みたいな感じになるっていう。

飯伏　俺はそれでずっと生きてきているじゃないですか。それでミスってないんですよ。

――ミスった記憶はないと。

飯伏　うん。結果は常に正解だったから「これで合ってるんじゃないですか？」っていう。だから練習もひとりでやってるし。

――あとひとつ言えるのは、失敗を失敗とは思っていないいんでしょうね。

飯伏　そうかもしれないですね。失敗に気づいていない。まわりから「そこからこういけば成功するっしょ」みたいな。「いや、ここから「それ、ミスってるよ」って言われても、らの選択肢もいっぱいあるよね」っていう。だから逆に俺からすると「ここからこういけば成功に向かうよ」っていうのがなんでわからないのかなって思うんですよ。

――そんな感覚なんでしょうね。

飯伏　それは俺に「ミスってるよ」って言ってくる人に対して。俺も薄々ミスってるのはわかってるけど、それをそのままで捉えたらどんどん失敗するよと思うし、その中で「こういけば成功するよ」っていうのまで俺にはわかってるから。でも多くの人たちにはそれを言ってもわからないんですよ。

――「いまこの瞬間だけで失敗という評価をしないでよ」と。

飯伏　だいたいそれですよ。ほぼそれかな。

――だから何が起きても大丈夫だと。

飯伏　うん、俺は大丈夫。本当にね、新日本での4年間は俺、フルでしたよ。4年で20年くらい生きた感じ。その前の10何年のキャリアよりも、ここ3年くらいのほうがダメージというか、疲弊した感じがハンパなかったです。ただ、それと引き換えに得たものもあった。ベルトだったり、タイトルだったり、それは俺の中で財産ですから。何もミスってはいなかったと思いますね。

飯伏幸太（いぶし・こうた）
1982年5月21日生まれ、鹿児島県姶良市出身。プロレスラー。飯伏プロレス研究所所属。
キックボクサーを経て、2004年にDDTでプロレスデビュー。破天荒な空中殺法と打撃を武器に活躍。2009年より新日本プロレスのジュニアヘビー級戦線に参加、IWGPジュニア王座を獲得するなどの実績を残す一方、DDTでは路上プロレスやキャンプ場プロレスなどで常識はずれのファイトをやってのける。2013年、プロレス界初となるDDT＆新日本の2団体同時所属となり話題を呼ぶが2016年2月に突如両団体を同時退団。その後は「飯伏プロレス研究所」を立ち上げ、事実上のフリーとしてWWEのクルーザー級トーナメント出場などを果たし、2019年に新日本に再入団。IWGPインターコンチネンタル、G1クライマックス2連覇、IWGPタッグ、IWGPヘビー、IWGP世界ヘビーの王座を獲得し、2021年10月21日、史上初の3連覇をかけて臨んだオカダ・カズチカとのG1優勝決定戦で負傷しレフェリーストップ負け。その負傷により長期欠場を余儀なくされ、2023年1月31日に契約期間満了により復帰することなく新日本プロレスを退団した。

バッファロー吾郎Aの
きむコロ列伝!!
Buffalo GoroA

第135回『ルパン三世』サブタイトルクイズ

バッファロー吾郎A

バッファロー吾郎A/本名・木村明浩（きむら・あきひろ）1970年11月24日生まれ/お笑いコンビ『バッファロー吾郎』のツッコミ担当/2008年『キング・オブ・コント』優勝

新日本vsノア対抗戦を地上波で鑑賞。ラストにゲスト解説の武藤選手がリングに上がり内藤選手を引退試合の相手に指名するというサプライズ。対峙するふたりの姿を見るとゾクゾクした。最後の相手は自分に憧れてプロレスラーになった男。猪木さんは『闘魂伝承』だったが武藤選手の場合は『プロレスLOVE伝承』か？　少し語呂が悪い気がする。かといって『プロレスLOVE注入』だとドドスコっぽくて違う。なんて言うのがカッコいいだろう？

この『KAMINOGE』が発売される頃には武藤選手はすでに引退している。正直引退してほしくない。引退セレモニーの途中で「やっぱやるわ」と撤回してくれないだろうか。プロレス界では過去に一度そういうのがあって問題になったみたいだが、武藤選手ならみんな笑って迎え入れてくれるんじゃないかと思うのは私が武藤ファンだからだろうか。

そう思う反面、引退してゆっくり身体を休めてほしいとも思う。

武藤選手は試合順を気にすると聞いた。理由はスター選手として存在価値を気にしているからではなく、ボロボロになった両ヒザをテーピングでガチガチに固めるため、試合順と逆算してテーピングをしないと両ヒザがうっ血して大変なことになるかららしい。ボロボロになりながらもリングに上がり続けるプロレスラーはカッコいい。だからといって元気な状態で引退するレスラーがカッコ悪いと言っているのではない。プロ野球の話だが、王貞治さんは『王貞治としてのバッティングができなくなった』という理由で引退したが、引退の年にホームランを30本打っている。それはそれでカッコいい。

要するにボロボロでも元気でもまわりの声なんか気にせず〝自分を貫き通す姿〟がカッコいいんだと思う。

自分の引退について考えてみる。『舞台の上で死にたい』とは思わない。引退式はしたくない。フェイドアウトが望ましい。世間が引退したことを知らなくていい。身近な人だけが引退したことを知ってるくらいがちょうどいい。それで復帰したくなったら何食わぬ顔でひょっこり復帰したい。私はプロレス界の『何度引退しても何度復帰してもOK』の風習が嫌いではない。

武藤選手も復帰したくなったら復帰してほしい。

武藤選手もカッコいいが、ルパン三世もカッコいい。

なのでいきなり『ルパン三世』クイズ！

『ルパン三世』といえばサブタイトルがタイプライターで打ち込まれて渋いジングルと共に紹介されるのがカッコよくて有名だが、今から挙げる『ルパン三世』（TV第二シリーズ）のサブタイトル50本の中から実在するサブタイトルを見つけてほしい。正解は全部で5つ。全問正解ならキミはルパン三世博士だ！

1 さらば愛しきルパンよ
2 君はネコ ぼくはカツオ節
3 不二子！男はつらいぜ
4 ルパン対スーパーマン
5 哀しみの斬鉄剣
6 料理のさしすせそ 泥棒のらりるれろ
7 次元がいないホテル
8 父っつあんがいない城
9 雛人形を片付けろ！
10 泥棒はキリマンジャロで
11 天国へルパンを道連れ大作戦
12 コーンポタージュまみれの斬鉄剣
13 またつまらぬものを斬らなかった
14 モナリザは微笑まない
15 冷めたたこ焼きは意外と美味い
16 ルパン対ラストエンペラー
17 ルパン対馳浩
18 次元、そこはオレの席だ
19 不二子の折った紙飛行機はよく飛ぶ
20 果物で季節を感じるルパン
21 狼と天使と悪魔
22 摩天楼を盗め
23 なぜかネジが一個余っている
24 冬は陽が落ちるのが早い
25 札束に銃弾を
26 恵方巻を喋りながら食べる五ェ門
27 大学病院の待ち時間は長い
28 銭形の『泥棒ノススメ』
29 風車を止めろ
30 風車式バックブリーカー
31 シュミット式バックブリーカー
32 コタツで寝たら怒られた
34 父っつあんに花束と死を
35 オフサイドのルールがわからない
38 パーカーの紐どうする？
39 二つ目の信号で一人降ります。
40 千羽鶴にシチューをこぼす
41 松ぼっくりが三億円？
42 トイレが汚い宝石屋さん。
43 数学の先生が持っている巨大分度器
44 甲子園はルパンの為にあるのか？
45 部屋とYシャツと私とダイヤと
46 世界の救世主 銭形幸一
47 世界の荒鷲 坂口征二
48 不二子のワインに宝石を落とせ
49 清川虹子の宝石を食べる高田純次
50 ありがとう、いい泥棒です。

正解は1・2・3・4・5。

武藤さん、お疲れさまでした。

KAMINOGE
WHAT IS WRESTLING

収録日：2023 年 2 月 4 日
撮影：工藤悠平
写真：© 巌流島
構成：堀江ガンツ

令和の時代にこのクソ真面目なふたりが邂逅する必然。プロのレスリングとは何か？　そして道場とは何か？

［C．A．C．C．スネークピットジャパン代表］

宮戸優光

［新日本プロレス］

柴田勝頼

「ロビンソン先生はCACCの技術を持ったまま
あの世へ行かれてしまった。それを多少なりとも
受け取ることができたボクが誰かに渡さないといけない」
「猪木会長の『迷わずゆけよ』の精神でやっていきたいと
思いながら、迷子になっているような状態では
あるんです。でも原点を忘れずにやっていきたい」

THE GREATEST MMA FIGHT
★★★ OF ALL TIME ★★★
YOSHIHIRO TAKAYAMA
vs DON FRYE
SUN.JUN.23.2002.
PRIDE21 @SAITAMA SUPERARENA
SNAKE PIT
JAPAN
CATCH AS CATCH CAN
SNAKE PIT JAPAN

「いま自分が求めているものは、いまの格闘技やアクロバティックなプロレスにはないけれど、なくしたくないクラシカルなテクニック」（柴田）

――柴田選手と宮戸さんがお会いするのは昨年末以来ですか？

柴田　そうですね。試合前（12・28『INOKI BOM－BA－YE×巌流島・in両国』でのトム・ローラー戦）の公開練習をここでやらせていただいたので。

――柴田選手が公開練習の場所としてスネークピット・ジャパンを選んだ理由をあらためて教えてもらえますか？

柴田　「アントニオ猪木追悼興行」に出るにあたり、自分の中で「ここしかないな」と思ったんですよ。宮戸さんは、猪木会長と最後の頃まで一緒におられたということもありますし、試合は「UWFルール」だったこともあって。ルーツ的にここを通るのが筋でもあり、意味があることだなと思って、新日本の道場ではなく、あえてここで公開練習をやらせてもらいましたね。

――宮戸さんは、柴田選手から公開練習という形でキャッチ・アズ・キャッチ・キャン（以下CACC）を体験したいという話がきたとき、どう思われましたか？

宮戸　ちょっと驚いたと言いますか、巌流島のスタッフの方から連絡をいただいたときは「どうしてここなのかな？」と、ボクも捉え方がわからなかったんですよ。でも実際に来ていただいてうれしかったですね。CACCというのは（ビル・）ロビンソン先生がここに残してくださったものであり、そして猪木会長もカール・ゴッチさんを通じてそれに触れられた。いわば、新日本プロレスのルーツと言うべきものを柴田選手が選んでくださったので。

――柴田選手は実際に体験してみていかがでしたか？

柴田　自分自身、CACCというものに、この前の公開練習のときに初めて触れたわけですよ。短い時間だったんですけど、教えていただいたテクニックは自分が知らないものだったんで、自分の未熟さを知れたことだけでも収穫でしたね。実際、自分が試合で出せた技はひとつしかなかったんですけど（笑）。宮戸さんに教えていただいた巻き投げだったり、手首の取り方だったりは、LAに戻ってからも若いヤツらと一緒にあらためて反復練習したりして。自分が通っていないテクニックの一端を知れたことに感動がありました。

――CACCは新日本の道場で学んだものや、桜庭（和志）さんと一緒に練習されていた技術ともまた全然違いましたか？

柴田　違いますね。そして、いま自分が求めているものでもありました。いまの格闘技や、いまのアクロバティックなプロレスにはないけれど、なくしたくないクラシカルなテクニック。それこそビル・ロビンソンさんと猪木さんの試合にはそれが凝縮されていたと思いますし、その技術が自分にはなかったので、凄くプラスになりましたね。

——猪木vsロビンソン戦は、宮戸さんがプロレスラーを目指した原点となった試合ですけど、柴田選手も映像でご覧になられているんですね。

柴田　はい。プロレス本来の技術が詰まっているというか、いまの60分フルタイムではないやり方で、ずっと観ていられる試合でしたね。60分が全然長く感じなかったんですよ。

宮戸　柴田選手もそう感じましたか。ボクは蔵前国技館に行ってあの試合を生で観ているんですけど、本当にあっという間で「えっ、まだ60分経ってないだろ。タイムキーパー、ごまかしてないか？」って思ったくらいだったんですけど、時計を見るとちゃんと60分経っていたんですよ。

——宮戸さんは、あの試合の映像を観るたびに新たな発見があったりするんじゃないですか？

宮戸　そうですね。会場で観たときはただただ魂が震えるような感動、感激だったんですよ。そのあと何年か後にビデオが出たじゃないですか。そして自分もリングに上がるようになってから、少しずつあの試合の凄さが具体的にわかってきた感じですね。

——観るほうの知識や経験値などによっても、見え方がまた違ってくると。

宮戸　生観戦したとき、ボクは猪木会長のファンで観に行ってましたから、そのときはわからなかったんですけど。大人になり、自分もリングに上がるようになってから映像を観直したとき、「じつは技術ではロビンソン先生が相当上回っているな」って思い始めたんですよ。けど、そのあともう1回観たときに「これはロビンソン先生じゃなくて〝猪木会長の試合〟だよな」と思って。というのは、もしおふたりを知らない人、たとえば外国人がこの試合の映像を観て、どっちが印象に残っているかといえば、たぶん猪木会長のほうが印象に残るんじゃないのかなって。

——どちらが観客に訴えるものがあったかというのもプロとして重要ですもんね。

宮戸　だから単なるテクニック合戦だけではないし、そういう意味でも凄く深いなって。

柴田　深いですね。

宮戸　どこにポイントを置くかによっても違ってくるんですよ。レスリングの術であればロビンソン先生が上回っていた。でも魂とかハートの部分で言えば猪木会長のほうが前に出てくる印象なんですよね。それで終わってみれば「まだやらせろ！」「もう一本、延長だ！」って言っている猪木会長が試合を持っていっている気がします。だから競技としての術、プロとしての力、あとは魂に至るまで、すべてが入っていますね。

「猪木会長の追悼イベントに新日本から選手が出るといっても、ファンからしたら誰でもいいわけじゃないんですよね」（宮戸）

——あと単純にスタミナも凄いですよね。

柴田　最後、３本目が始まったときはもう残り1分くらいになっていましたけど、猪木さんはドロップキックを連発してましたもんね。

宮戸　あれだけレスリングでコントロールされたら、普通はもう疲れ切ってしまいますよ。ところがロビンソン先生のほうが攻め疲れをしているようにも見えた。それでいて、おふたりとも60分間観客の目を惹きつけていたわけですから。逆に言うと、あのふたりだったからこそ見るに耐えられた試合だったかもしれない。だって地味と言われがちなレスリングの攻防を60分やられたら、ほかの選手の試合だったら野次のひとつでも飛びそうなもんですよ（笑）。

——昔はよく「立ってやれ！」みたいな野次もありましたしね（笑）。

宮戸　だから近代の総合格闘技の世界でも、桜庭選手とホイス・グレイシーが90分やったでしょ。あれだって、あのふたりの試合だから観客も集中して90分観られたんだから。

柴田　そうですよね。

宮戸　あれをほかの人間がやったところで、お客は耐えられないでしょう。

——たしかにそうですね。名前を出すのもなんですけど、『PRIDE.2』で菊田早苗選手とヘンゾ・グレイシーが50分以上の寝技勝負をやったときは、もの凄く長く感じましたから（笑）。

宮戸　そんな。名前を出さないでくださいよ（笑）。でもレスリングの攻防で長時間観客を惹きつけるのはそれぐらい大変なことで、誰でも許されるわけじゃないんですよね。

——技術が高度かどうかの問題だけじゃなく、観客がその選手やカード自体にどれだけ思い入れを抱けるかも関係してきますもんね。

宮戸　その選手を通して歴史が見えるというかね。ですから今回、柴田さん来てくださったのも、猪木さんが通られてきた歴史に触れたいという思いがあったと思うんですよ。そしてファンのほうも、そういう柴田さんだからこそ、という思いがきっとあったと思う。猪木会長の追悼イベントに新日本プロレスから選手が出るといっても、ファンからしたら誰でもいいわけじゃないんですよね。そういう意味において、柴田さんを通じてファンは新日本の歴史を含めた何かを感じて見ることができているんでしょう。だってお父様の勝久さんは猪木会長が新日本を旗揚げしたときからいるわけだから。

——それこそ遺伝子レベルで、新日本の歴史が息づいているということですよね。柴田選手自身は、お父さんから新日本初期の話を聞くことなんかもあったんですか？

柴田　話の流れで聞くことはありましたね。あと自分がちっちゃい頃は千葉に住んでいたので一緒に道場に行くこともあって、タイガーマスクだった頃の佐山さんに抱っこしてもらった写真があったりするんで。そういう環境で育ったので自分の中でプロレスが近いんですよ。

——生まれながらにしてプロレスに触れていたという。

柴田　だからプロレス以外で何をするっていうのがないというか。新日本を一度辞めたときは総合格闘技をやっていたんですけど、それは自分の中でのプロレスの流れですから。だからずっと「プロレスラー」をやっていますね。

宮戸　子どもの頃はお父様にトレーニングを教わったりすることもあったんですか？

柴田　トレーニングは教わっていないですね。でも小学校のときに土曜夕方にやっていた『ワールドプロレスリング』を観ながら腕立てをやったり、自分なりのトレーニングをしているとき、「首を鍛えたい」って言ったら首押しだけはしてくれましたね（笑）。

——小学生で首を鍛えてるのも凄いですけどね（笑）。柴田選手はＵＷＦインターはご覧になっていましたか？

柴田　自分のプロレス熱を戻してくれたのが、Ｕインターと新日本の対抗戦なんですよ。小さい頃から「プロレスラーになりたい」っていう気持ちはあったんですけど、テレビの放送時間が深夜になってから観られなくなって、一時期ちょっと離れちゃったんですけど。高校でレスリングを始めて、その頃にちょうど対抗戦が始まって、永田裕志&石沢常光vs金原弘光&桜庭和志の試合が好きで、「自分がやりたい！」って思ったんです。

宮戸　レスリング部に入られたのはプロレスをやるためですか？

柴田　いや、自分はとりあえずいちばん近い学校に行ったら、たまたまレスリング部があって、永田さんの大学の後輩が先生をやっていたんです。

宮戸　日体大の人ですか？

柴田　そうです。それで新日本が地元四日市で大会があったときとか、永田さんや石沢さん、藤田（和之）さん、中西（学）さんを親父が連れてきてくれたんですよ。そうしたら普通の大学生とやるのと全然違うんですよね。力から、テクニックから。そこに触れたときに「これは早くプロレスラーになったほうがいい」って思いましたね。福岡大学に推薦入学が決まっていたんですけどそこを断りに行って、新日本の入門テストを受けて、受かったっていう感じですね。

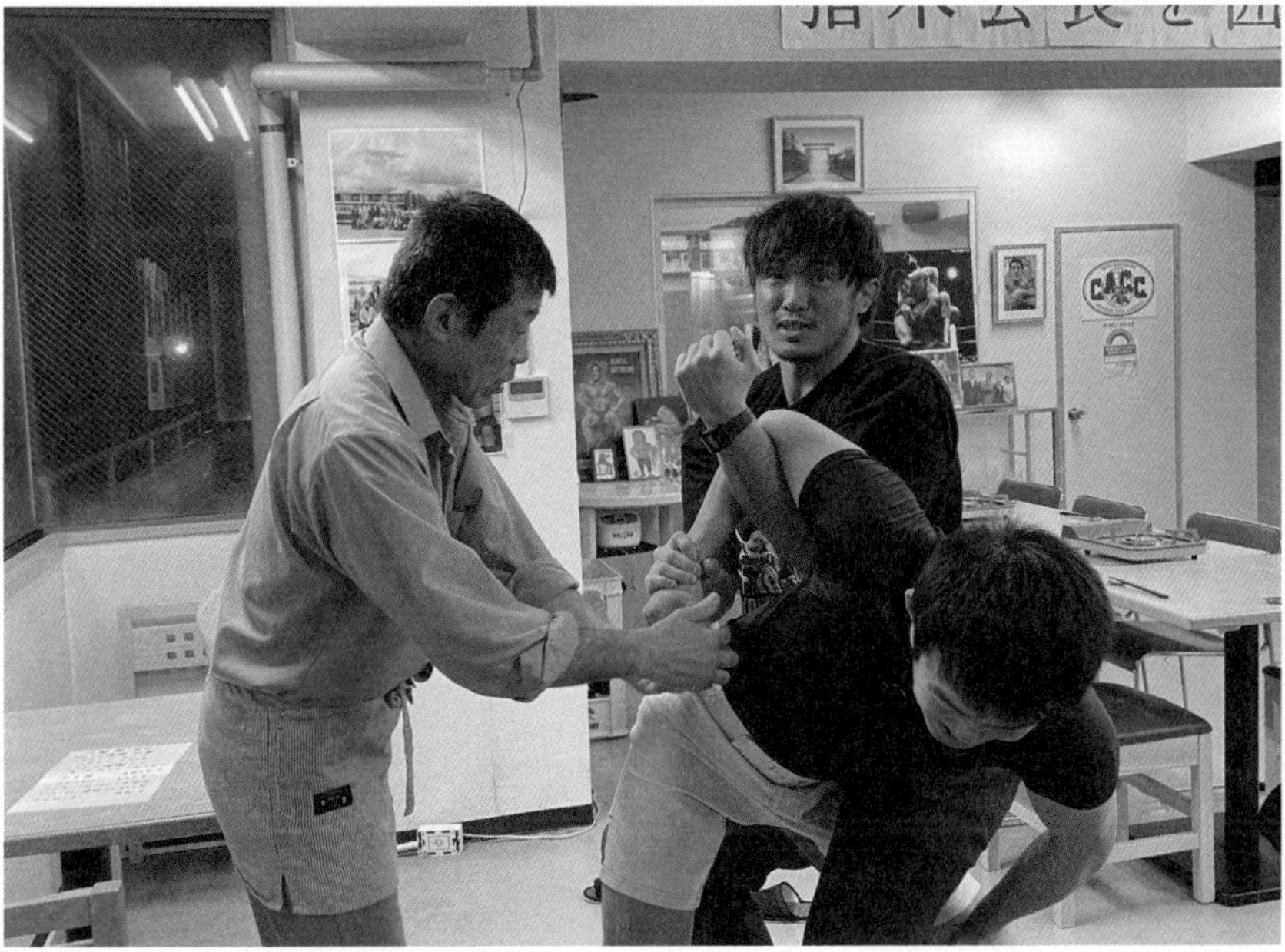

「澤田&鈴川戦がなかったら自分はいまプロレスをやっていないですよ。あれで『プロレスにはもっと可能性があるな』って思ったんです」（柴田）

宮戸　お父様からは反対されなかったんですか？

柴田　よろこんでいたと思います。

宮戸　あっ、それは素晴らしいですね。

柴田　自分は何事でも、自分の中で心が動いた瞬間にやるべきだと思っているんですよ。

――猪木さんの「感じたら走り出せ」という言葉もありますね。

柴田　それこそ年末の『ＩＮＯＫＩ ＢＯＭ－ＢＡ－ＹＥ』もそうなんです。谷川（貞治）さんから、猪木会長が亡くなられる前の段階で「もしかしたら年末にやるかもしれないです」っていう話を聞いてはいたんですよ。そうしたら猪木会長が亡くなられて、自分がアメリカから帰ってきてお葬式に行かせていただいて。そして『ＩＮＯＫＩ ＢＯＭ－ＢＡ－ＹＥ』をやることが正式に決まったとき、「これは出ないとダメだ」と思ったんです。プロレスラーが誰も出ないのに「アントニオ猪木追悼興行」となっていたんで。「自分にできることは限られますが協力させてください」っていう形でお願いしましたね。

――なるほど。宮戸さんも猪木vsロビンソン戦を観てプロレスラーになると決めたわけですけど、柴田選手も常にきっかけとなるものがあって行動に移していたんですね。

柴田　それこそプロレスに戻るきっかけも10年くらい前に大晦日の大会でやった、桜庭&柴田vs澤田（敦）&鈴川（真一）という試合でしたから。

――DREAMに猪木さんのIGFが協力した『元気ですか!! 大晦日!! 2011』での試合ですね。

柴田　プロレスでも総合格闘技でもないような試合だったんで、これはいったいなんのルールでやったらいいのか、「ボクたちは何をしたらいいんですかね?」と桜庭さんと話をしていたくらいだったんですけど。いざ蓋を開けてみたらプロレスとも総合とも違う緊張感があって、久しぶりに飛んだドロップキックが気持ちよかったんですね。そのあと腕を折っちゃいましたけど（笑）。

――勢いがつきすぎて（笑）。ボクはあのタッグマッチを観て、それこそ1995年10・9東京ドーム、新日vsUインターの第1試合に通じるものを感じましたよ。

柴田　あっ、それは自分もやっていて凄く思いました。だから、あれがなかったら自分はいまプロレスをやっていないですよ。あれをやって「プロレスにはもっと可能性があるな」って思ったんですね。で、そのあと桜庭さんと一緒に新日本に行って、いまはLAで若い選手にプロレスがどういうものなのかを教えたりもしているんですけど。まだまだ自分も学ぶものが多いなと感じていますし、あとは現行のアクロバティックで派手なプロレスとの闘いですよね。

――宮戸さんも、桜庭&柴田vs澤田&鈴川は会場でご覧になられているんですよね?

宮戸　ボクはあのとき、（IGF側の）セコンドに付いていました。当時はIGFの現場部長だったんで。凄い試合でしたね。あのとき、澤田&鈴川がカットプレーに入っちゃっていたから、一歩誤ったら試合が終わらなかったですよね。勝負がつきそうになっても、全部カットに入っちゃうんだから（笑）。

柴田　そうですね（笑）。でもやっていてどうなるかわからなくて、あれはおもしろかったです。

宮戸　凄い試合でした。だって猪木会長も控室のモニターを観ながら相当興奮されていたようですから。試合後、控室で「鈴川、おまえはあそこでもっとこうしなきゃいけない」とか、いろいろアドバイスや檄を送られていましたもん。

――そうだったんですね。実際、あの日は総合格闘技のビッグカードがズラリと並ぶ中、あのタッグマッチが食っちゃいましたよね。

宮戸　あの日のナンバーワンくらいでしたよ。

柴田　あれこそ二度とできないような試合だったと思いますね。

THE GREATEST MMA FIGHT
OF ALL TIME

あの瞬間だったからこそできた。

宮戸　コンディションもあるし、技量もあるし。あのとき、鈴川選手はかなり打撃を練習していたので、体重差もあるから当たり方によっては桜庭選手だって倒れちゃいますよ。そういうスリリングさもあったから。

——元力士が磨いた掌底は凄いですよね。

柴田　実際、掌底は1回危なかったです。でも、そういう緊張感の中でプロレスの可能性を感じましたね。

——考えてみると、今回の『INOKI BOM-BA-YE×巌流島』も、あの桜庭&柴田vs澤田&鈴川戦と似たシチュエーションでしたよね。総合格闘技の試合が並ぶ中でプロレスの試合で魅せなきゃいけないっていう。

柴田　しかも、なんでメインだったのかわからないんですよ。休憩明けって聞いていたんですけど。

——そうだったんですか！　まさに谷川マジックというか（笑）。

柴田　でも発表されたからにはやるしかないんで。「いつ何時」の精神ですよ。会場の雰囲気も完全にアウェーで、正直、居心地は最悪でしたけど（笑）。

——客層が普段のプロレスとまったく違ったし、興行を通して野次も多かったですもんね（笑）。

柴田　でも誰もやらないからといって目をそむけちゃいけないものだと思ったし、自分の中で反省点はたくさんあるんですけど、「やってよかったな」と思いました。（対戦相手の）トム・ローラーもいい選手ですし。

「いろんな人が『卍固めはかからない』みたいなことを言いますが、結局みんな知らないんですよ。伝わっていないんです」（宮戸）

——ボクも当日会場で取材させてもらって、柴田vsトム・ローラーでの会場の反応が気になっていたんですけど、試合が進むにつれて盛り上がっていったのがよかったですね。

柴田　試合前に控室でふと我に返って、「あれ、今日は何をしたらいいんだっけ?」ってめっちゃ素になる瞬間と、「よっしゃ、やるぞ！」って覚悟が決まる瞬間が交互に来て、自分でも不思議な感覚でしたね。

——試合後、達成感もあったんじゃないですか?

柴田　そうですね。ひとつ形にできたと思いました。それで満足したというのではなく、新日本から柴田が出たという試合を意味あるものにできたかなと。猪木会長が亡くなられたことを他人事にしたくないっていう思いが自分にはあったので。

——フィニッシュは卍固めでしたよね。いろんな方が猪木さんのオマージュで卍固めをされますが、あのシチュエーション、あのタイミングで柴田選手がやる卍固めには凄く意味があるなと思いました。

柴田　ありがとうございます。いま、いろんな人が卍固めをやりますけど、あまりにも形だけでやりすぎている気がするんですよ。「これ、どこが極まってるの？」「脚のフックができてなくて、自分で立ってんじゃん」とか、あるんですよね。だからキッチリ極まる卍固めを見せたかったんです。

――柴田選手の卍固めを見て、この道場で宮戸さんが見せてくれた卍固めやコブラツイストを思い出しましたよ。

宮戸　あっ、本当ですか？

――はい。以前、卍固めは決して見せ技じゃなくて、CACCの動きの中でちゃんと極まる技で、フックから何からすべてに意味があると教えていただいたじゃないですか。そういうことがじつは伝わっていませんよね。

宮戸　伝わっていないですね。いろんな人が「あれはかからない」みたいなことを言いますが、結局みんな知らないんですよ。ボクがロビンソン先生から伝えてもらったことって、プロレスの源流なんですけど、その源流が長い年月の間に忘れられてしまっているんですよね。派手な技はどんどん高度になっているかもしれないけど、根っこがなくなってきてしまっている。本来、派手な技というのは根っこの上に枝葉として伸びていくものなのに、根っこがなくなってしまったら果たしてそれはレスリングと呼べるのか？　そこにみんなそろそろ気づかなきゃいけないんじゃないかと思いますね。

――本来ベースとして持っておくべきものなんですね。

宮戸　ただ、これはいまに始まったことじゃなくてね。このジム（スネークピット・ジャパン）は今年で25年目になりますけど、25年前でもこの技術を持っているのは世界にカール・ゴッチ、ルー・テーズ、ビル・ロビンソンくらいしかいなかったんですよ。その中で当時いちばん若かったロビンソン先生に種を残してもらって、実際ボクもある程度理解するまでに20年はかかりましたよ。

――理解するのに20年ですか。

宮戸　ただ、もうボクも60歳ですからね。すでにロビンソン先生はCACCの技術を持ったままあの世へ行かれてしまったわけだから、多少なりとも受け取ることができたボクがそれを誰かに渡さないと、同じように向こうに持っていってしまうハメになるので。もう年齢的にもいままでと同じペースでやっていてはダメだなっていう思いが、自分自身への戒めとして正直ありますよ。このまま向こうに持って帰ったら、「おまえ、せっかく渡したのに持って帰ってきたのか！」ってロビンソン先生に怒られちゃうんで（笑）。

――「ちゃんと次の世代に渡してから来い」と。

宮戸　そういう状況ではありますよ。過去の先輩方がみんな

世界平和

向こうに持っていってしまったから、忘れられた技術になってきてしまった部分もありますからね。

——先ほどの卍固め、コブラツイストの話ですけど、有名なUWFのシンボルマークにもなっているパンクラチオンの彫刻って、じつはグラウンドコブラをかけようとしている体勢なんですよね？

宮戸　そうなんです。パンクラチオンがおこなわれていたのは紀元前600～700年前でしょ？　だから最低でもその時代にはすでにグラウンドコブラという技は存在したということですよ。

柴田　そうなんですね。そういう歴史を知れば知るほど、昔からルーツとしてあるものを残したいっていう気持ちが自分にもありますね。大事にしたいっていう気持ちが。新日本プロレスは本来、そういう歴史の上にあるものだったはずなんですけど、いまは猪木会長の追悼興行で誰も名乗りを挙げなかったのが、ほぼ答えのような気がします。若い連中は特に自分たちに言われている感覚がないんですよ。他人事というか。

——猪木さんの時代におこなわれていたプロレスと、いまのプロレスは別物という感覚なんですかね。

柴田　でもさっきのお話であったように、それは根っこですから。なくしちゃいけないと思うんですよ。

「LA道場で自分がコーチをやり始めて5～6年ほど経ったんですけど、今年から寮をなくして道場を一般開放してスクールにすると言われた」（柴田）

——宮戸さんもUインターをやっていた頃は、そういったレスリングを残したいという思いでやっていた部分もあるんじゃないですか？

宮戸　そうですね。そのためにロビンソン先生を呼んだり、ダニー・ホッジさんやルー・テーズさんをお呼びしたりね。ただ、その人に会えば会うほど源流の凄さを思い知りましたね。我々もプロとしてリングに上がって、ある程度わかったようなつもりになっていましたけど、自分らは何も知らなかったんだなって。高校生が大学の教授と会ったような、そんな感じでした。

——知識や経験の蓄積量が違うというか。

宮戸　正直言ってロビンソン先生と会うまで、いま思えばこの世界で「先生」っていう人に会ったことがなかったんですよ。先輩はいたけれど、先生に会ったのは初めてでした。心から自然と「先生」と呼んじゃいましたからね。「これまで我々が教わっていたレスリングって、なんだったんだろう」という驚きがありました。それが高田vsヒクソン戦を観たときに「これは本当にレスリングが負けたのだろうか」という疑問も湧いてきたんです。「これがもうひとつ前の世代の先輩方、ビ

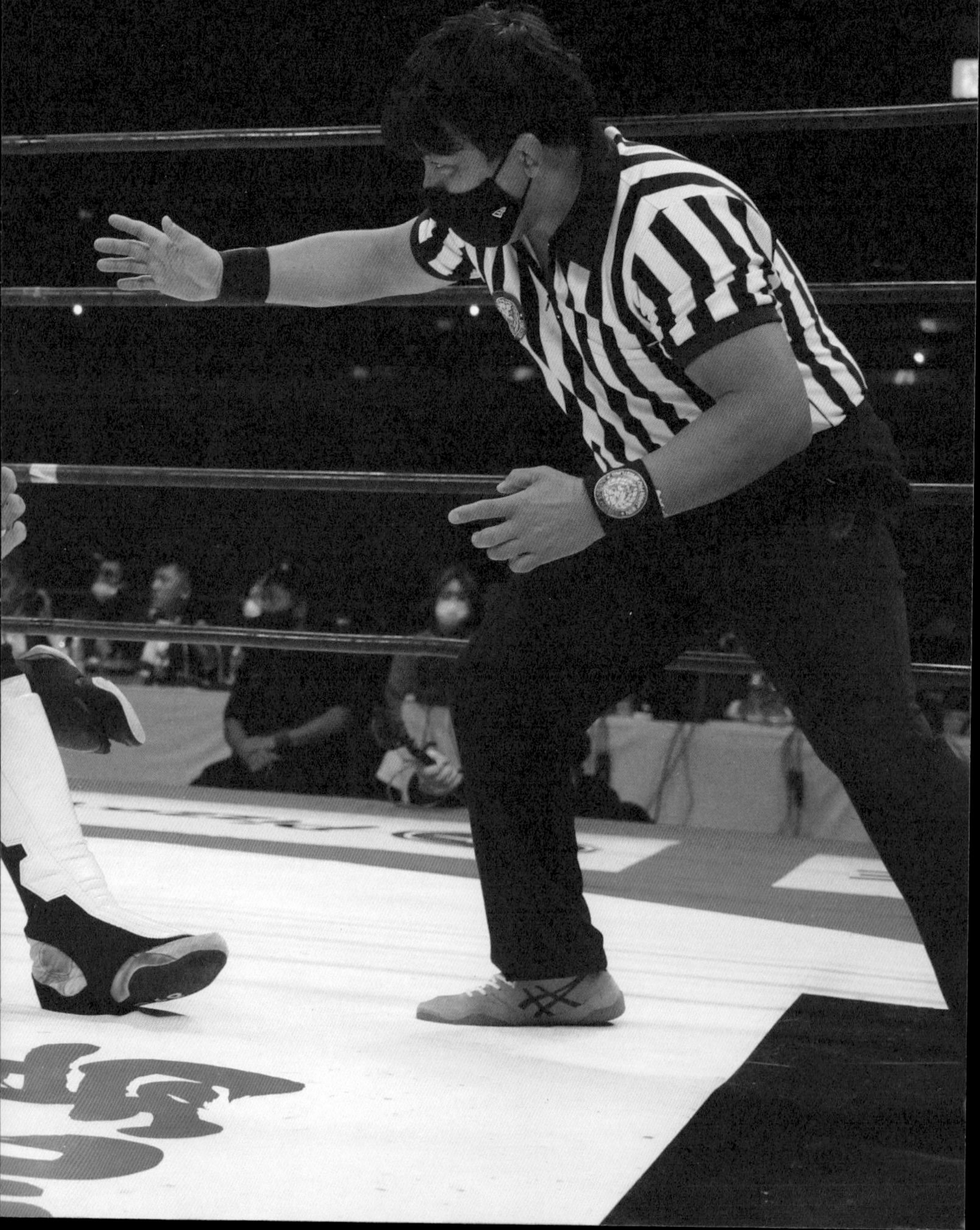

ル・ロビンソンだったら、カール・ゴッチだったら、ルー・テーズだったら、ビリー・ライレーだったら……同じような結果になったんだろうか?」とか、そういう問いかけが頭の中をグルグルまわって、それがこのジムにつながったわけです。

——強さを追求してきたUWFですら、プロレスが本来持っていた技術を忘れてしまっていたのではないかと。

宮戸 だって実際に歴史を紐解けば、アド・サンテルというルー・テーズの師匠のひとりでもある先輩は、柔道着を着て柔道家とやって無敗ですからね。大正時代に海を渡って講道館に挑戦状を叩きつけて。

柴田 凄いっスね。

——大正時代にプロレスvs柔道の異種格闘技戦というか、いまでいう総合格闘技の対抗戦が実現しているんですよね。

宮戸 そういう先輩方がいる中で、果たして彼らがヒクソンとやって同じような結果になったのかなって。それがいまにつながっているんですよ。ただ、その失われつつあった技術を、ロビンソン先生に教えていただいても、なんとか理解するのに20年ほどかかったように、我々の世代、あるいは柴田さんの世代でよみがえらせることができるかどうかは難しいです。ただ、プロレスの灯を消しちゃったら、種をなくしちゃったら、永遠にできないわけですよ。それを残す作業というのはやっぱり必要だと思うんです。意外かもしれないけど、WWEはそれをちょっとやっていると思いますよ。実際に60、70年代の先輩方をコーチ陣としてスタッフに入れていますよね。

柴田 ああ、たしかにそうですね。

宮戸 日本は引退したらこの業界からも去らなきゃいけないようなところがある。そういう意味で日本のプロレス界はちょっと歴史を粗末にしてきたような気はしますね。

——そういう中で、柴田選手がLA道場のコーチをやられているというのは凄く意味があることですよね。

柴田 そういう自覚を持ってやってきたつもりですし、自分にとってもいい経験になりましたね。ただ今年、LA道場の形が変わっちゃうんですよ。

宮戸 形が変わるというのは、どうなるんですか?

柴田 LA道場は「新日本の伝統的な道場を向こうでやりましょう」ということで、自分がコーチをやり始めて5~6年ほど経ったんですけど。会社のほうから「今年から寮をなくして道場を一般開放してスクールにします」と言われたんです。

宮戸 スクールということは、総合格闘技でよくあるような一般の人が通うジムにするということですか?

柴田 そうですね。だから生え抜きを育てるっていう環境ではなくなってしまうので「じゃあ、俺はどうしたらいいんだ?」って、いま悩んでいるところなんです。

宮戸　道場は残して、道場生たちをインストラクターとしてスクールをやるという形ではダメなんですか？

柴田　話し合うこともなく、もう方針が決まってしまったみたいで。

宮戸　新日本プロレスがアメリカに道場を持っているというのは凄くいいことだと思うので、それは残念ですね。Ｕインターでもアメリカのテネシー州に道場を作って、ロビンソン先生にコーチを努めていただいたんですけど、凄く役立ったんですよ。あれがなければ外国人勢は育たなかった。

柴田　そうなんですね。

宮戸　あの道場は要でしたね。Ｕインターの外国人勢はあそこでテストをして、スタイルを教えて、その上で日本に呼んでいたから使えたんです。いきなりどこかから拾ってきて、初来日の人間にいい仕事をしろなんて無理ですよ。だから新日本の今後を考えても、アメリカに道場があるのは大事だと思うんですけどね。

柴田　道場は本当に大事だと思います。

「四六時中その業界の空気に染まってはじめて、その世界の匂いがつくんです。その要が道場だと思いますよ」

——道場はプロレスの技術を教わるだけじゃなく、魂を養う

CATCH AS CATCH CAN
SNAKE PIT JAPAN

場所ですもんね。

柴田　そうなんですよ。

宮戸　そうそう、魂。

柴田　本当にそこだと思います。道場って魂が詰まっている場所なので。スクールにするというのはビジネスとしての判断だとは思うんですけど、長期的に考えたらなくしちゃいけないものなんじゃないかって。

――「プロを育てる」っていう意味でも、道場とスクールとでは違いますよね。

宮戸　違いますね。もしお相撲さんが通いで稽古していたら、やっぱり「相撲取り」にはならないですよ。

柴田　そういうことですよ！　本当にそれだと思いますよ。

――相撲という競技で強い選手は育っても、それと「相撲取り」になるということは意味合いが違うわけですね。

宮戸　やっぱり四六時中その業界の空気に染まってはじめて、その世界の匂いがつくんですよ。そこは大事なところだってボクは思いますけどね。

柴田　プロとアマチュアの違いって、じつは〝そこ〟だと思うんです。

宮戸　お料理の世界だって、料亭で厳しく鍛えられた料理人と、アルバイトだけど腕がよくておいしいものは作りますっていう人とでは、ちょっと違うと思うんですよ。お客はお料理の味に対してだけお金を払っているわけじゃない。厳しい修行を経た料理人への敬意を含んだ、お布施的な意味合いもありますよ。それがいくらおいしい料理を出しても、アルバイトのお兄さんが作ったものに3万円のコースは払えないでしょう。

柴田　そういうことですね。

宮戸　お客はプロに対する敬意、目に見えない夢の部分にお金を払っている。プロレスラーがどこでそういった部分を養うかといえば、やはり24時間その世界にどっぷり浸かるという、そしてその要が道場だと思いますよ。

柴田　本当にそう思います。昨年、猪木さんが亡くなって「闘魂の火を消したくない」って本当に思ったんですよ。そのためにも道場や、そこで培われる魂を大事に残していきたい。自分はこういうことばかり言ってるので、会社からは相当厄介なヤツだって思われていると思うんです。言うことを聞かないですもん（笑）。

――それもまた新日本プロレスっぽいですけどね（笑）。

柴田　そうなんですけど、自分が訴えていることはけっして会社にとってもマイナスなことではないと思うんですよね。

――プロレスのこと、新日本のことを考えてのことですもんね。

柴田　そうなんです。プロレスだったり新日本のことしか考えていないので。

——宮戸さんは、そういった柴田選手の姿勢についてどう感じていますか？

宮戸　まあ、団体に所属しているかぎりは会社とどう折り合いをつけるかだと思うんですけど、プロレスへの思いとなるとなかなか妥協できない部分もあるでしょうし。その中で自分の理想をどう貫くのか、でしょうね。ただ、どういう道に行くとしても、ご自分の原点、レスリングの原点、思いの原点を忘れなければ、間違いはないんじゃないかと思います。

柴田　ありがとうございます。自分も猪木会長の「迷わずゆけよ」の精神でやっていきたいと思いながら、迷子になっているような状態ではあるんですけど（笑）。原点を忘れずにやっていきたいですね。

——その原点を確認したり、新たに知ったりするのにも、この道場はうってつけじゃないですか？

柴田　そうですね。今回は帰国したばかりで時間が取れなかったんですけど、また練習に参加させてください。

宮戸　ぜひ、いらしてください。

柴田　またよろしくお願いします！

宮戸優光（みやと・ゆうこう）
1963年6月4日生まれ、神奈川県出身。CACCスネークピット・ジャパン代表。
1985年9月6日の第1次UWFでデビューし、1988年に第2次UWFの旗揚げに参加。その後、髙田延彦らとUWFインターナショナルを設立。選手としてだけでなく「Uインターの頭脳」として画期的なプランや対決を次々と実現させる。1995年9月、新日本プロレスとの提携路線に反発してUインターを退団し、現役を引退。引退後、一時は周富徳に師事して料理人を目指したこともあったが、1999年に「キャッチ・アズ・キャッチ・キャン」の一般会員制ジムU.W.F.スネークピット・ジャパン（現C.A.C.C.スネークピット・ジャパン）を設立し、CACCの継承と普及、後進の育成に尽力している。

柴田勝頼（しばた・かつより）
1979年11月17日生まれ、三重県桑名市出身。プロレスラー。新日本プロレス所属。
1998年3月に新日本プロレスに入門。1999年7月にプレデビュー、同年10月10日、井上亘戦でデビュー。K-1ルールでの天田ヒロミ戦や、新闘魂三銃士、魔界倶楽部の一員として脚光をあびるが、2005年1月に新日本を退団。ビッグマウス・ラウド、総合格闘技で武者修行をおこなったのち、2012年に桜庭和志とともに新日本参戦。第10代&12代NEVER無差別級王座戴冠などを経て、2017年4月9日、IWGP王者オカダ・カズチカに挑戦。激闘の末に敗れた試合後、病院に救急搬送されて急性硬膜下血腫と診断され手術を受ける。そのまま長期欠場に入り、2018年3月に新日本プロレス・ロサンゼルス道場が新設されてヘッドコーチに就任。後進の育成と自身のトレーニングに励む日々を送っている。2022年12月28日、『INOKI BOM-BA-YE×巌流島 in 両国』でトム・ローラーとUWFルールで対戦しグラウンド卍固めで勝利した。

鈴木みのるのふたり言

第115回
「ストロングスタイルの“友達”」

構成・堀江ガンツ

——年末に鈴木軍が解散したばかりですけど、早くも新ユニット「ストロングスタイル」が動き出しましたね！

鈴木　鈴木軍解散は、もう凄い昔のことのような気がするけどね。今年に入って、俺が成田蓮に目をつけて、そこにデスペラードも来てね。

——エル・デスペラード選手とは、鈴木軍時代も含めてもう長いですよね。

鈴木　長いと思うよ。鈴木軍に合流して8年ぐらいじゃないかな。でも本当はそれよりずっと前からなんだよ。まあ、ファンの9割くらいはアイツの中身を知っているだろうからあえて名前は出さないけど、アイツが素顔でデビューしたときくらいからの付き合いになるから、おそらく10年以上。

——デスペ選手のデビュー当時って、どういったお付き合いだったんですか？

鈴木　新日本のリングで鈴木軍が始まって、俺がリング上でアップをしながら「練習相手いねえかな……」って思って探してるときに「ボクがやります」って言ってきたのがアイツだね。たぶんデビューしてまだ1、2年くらいじゃないかな。それから毎日30分〜1時間、ボッコボコに極めまくった記憶がある。

——当時の新日本で、試合前に毎日グラウンドのスパーリングをしていたんですか。

鈴木　スタンドの打撃も途中からやるようになったけど、それは鈴木軍がノアに出たときだから2015年とかじゃないかな。ノアのリングでも試合前に寝技のスパーリングをやったら、あそこのマットがすげえ臭かったんだよ。あそこの団体が追い込まれていた時期だから、古いマットを使ってたんだろうね。もうすげえ臭くて「寝技はやめよう」って言って（笑）。

――そういう理由で（笑）。

鈴木　それでお互いキックミットを持ち合って蹴ったりとか。キックのスパーリングもやってたよ。昔ながらの生スネでバッコンバッコン蹴ってたからね（笑）。アイツはたぶん俺のキャリアの中でいちばん長く一緒に練習したヤツかも。

――メキシコから凱旋帰国してきたからルチャのイメージが強いですけど、そういう練習もガッチリやっているんですね。

鈴木　そもそもアマレス出身だから興味があったみたいよ。でもよくいるんだよ。「昔、格闘技やってました」って俺のところに来るんだけど、1回やったら次の日はもう来ないっていうのが普通ですよ。

――そうなんですか!?

鈴木　「コツだけ教えてください」みたいな感じでくる。グーグルで検索しただけで、自分の知識だと思っちゃうのと同じでさ。たとえば「アキレス腱固めを教えてください」って言われて形とポイントを教えます、それだけで「あっ、形とコツを覚えた！」ってことで「その技はわかったんで、次の技をお願いします」ってなるんだけど、それじゃ全然覚えてないからね。

――そうですね（笑）。

鈴木　人それぞれ力の強さも違えば、腕の太さも長さも違うし、対戦相手だって全員違うんだから、それだけで身につくわけがない。でも本当に「形とコツだけ覚えたい」ってヤツが多いんだよ。

――プロレスの技はそれでもいいと思っているんですかね。

鈴木　そんな中でも何十人、何百人にひとりくらい、本当に身につけたいっていうヤツがいて、それが若手の頃のデスペラードだね。俺は新日本の所属じゃないから試合会場のリングでしか一緒に練習をやらないんだけど、そうするとまわりにはウォーミングアップしながらチラチラこっちを見てるレスラーがたくさんいて、海外の選手なんかは特にそうなんだけど、寝技のスパーリングしているのを見てゲラゲラ指差して笑うんだよ。やられてるデスペラードが「ギャー！」って叫ぶから。

――「アイツら何やってんだ」みたいな感じで。

鈴木　そういう笑っているヤツらを見て、昔から何も風景が変わってないなと思ってね。俺が若手の頃も藤原（喜明）さんに毎日極められて、「ギャー！」って叫ぶのをまわりのヤツらは指差して笑ってたからさ。恥ずかしくて、カッコ悪くて、情けないんだけど、強くなりたいから毎日藤原さんのところに行ってた。そういう俺を笑ったり、バカにするヤツらばかりだったけど、その中でもそんな俺に声をかけてくれたのが、猪木さんであり、当時の先輩だと山田（恵一）さんとかだったな。意外なところだと、スティーブ・ウィリアムスが「おまえ、がんばってるな」って言ってくれたりとか。「今度、俺とやろうぜ」って言われて、リング上でウィリアムスとスパーリングやったこともあるよ。

――凄いですね！

鈴木　とんでもなく強かった（笑）。

――レスリングでNCAAオールアメリカンに4度選ばれた男ですもんね（笑）。

鈴木　あとはベイダーとやったこともあるね。それとかバズ・ソイヤー、あとはランディ・オートンのお父さんのボブ・オートン・ジュニア。みんな「おい、ちょっと来い！　やろうぜ！」って言われてやったんだけど、ビックリするほど強かった（笑）。

――でも凄く貴重な経験ですね。

鈴木　それは誰かにやらされたわけでもなく、「誰でもいいから俺の相手をしてくれ」と言ったわけでもなく、「おい、そこのボーイ！」とか「おい、スズキ！」って呼ばれて「スパーリングやろうぜ！」って、あの人たちが言ってくれてやったから。凄くうれしかったね。そういう貴重な経験を若手のときにしたんで、プラスになったことがたくさんあった。でもそれを感じる前にこういう練習をやめてしまう人がほとんどなんだよね。

――本来、寝技の練習ってすぐに成果が出るようなものじゃないですもんね。苦しいだけで。

鈴木　「そんなのプロレスに関係ないだろ」って言うヤツも多いんだけど、「じゃあ、プロレスの練習ってなに？」って思うよ。俺は若手時代、それで凄く悩んだから。たしかに重いバーベルを持ち上げるのは凄いけど、「強さと何が関係あるんだ？」って。俺が新弟子時代はまだ昭和なんで、入門してから先輩方に「ちっちゃい」「ブサイク」「どうしようもない」って言われ続けてた。だからとにかく強くなって「全員ぶっ飛ばしてやる！」と思って生きてきたね。本当はそんないい言い方じゃなくて「全員ぶっ殺してやる！」だったけど（笑）。そのぐらいの気持ちを毎日持ってた。

――じゃないと生き残れないですよね。

鈴木　そんなふうに育ったんで、俺のところに来るヤツにも同じように接してる。それで本題に戻ると、デスペラードは俺に極められてボロボロにされて、まわりから笑われても毎日来た。そういう新人生活を送ったあと、メキシコ修行に出て行って、しばらくして華々しく凱旋帰国したものの、自分の立ち位置が定まらずしばらくフラフラしていて。ある日、アイツが「また一緒にやりたいです。お願いしてもいいですか？」って俺のところにきて、それで練習するようになって鈴木軍入りしたっていう経緯があるんだよね。

――そういうリアルな関係性があるわけですね。

鈴木　いまも毎日、誰よりも質問してくるね。しかも「この場面でのこのタッチの角度は、ボクはこれで正解だと思うんですけど、どう思いますか？」ってちゃんと自分の中で考えて質問してくる。完全に自分のものにしてるなって思うよ。

――そういうプロとしてのごくごく細かい技術まで話すんですね。

鈴木　それが大事だし、俺もアイツもそういう細かいところまでこだわるから。デスペラードはデビューしたときの境遇から、なんか俺と同じなんだよ。アイツも新人時代、俺と同じようにまわりから「こんなちっちゃいヤツ、使えるのかよ」みたいに言われていた。

――デスペラード選手は、身体が小さくてなかなか新日本に入門も許されなかったんですよね。

鈴木　それが、見てみ。ぶっちゃけ、いまやあそこのトップスターなわけじゃないですか。

――ビギナーからマニアまで、幅広いファン層に評価されるようになっていますよね。

鈴木　だから凄くいい仲間だよね。今回「ストロングスタイル」というユニットを作って、俺と成田は黒のショートタイツだけど、デスペラードはひとりだけマスクマンで、「なんでストロングスタイル？　あれはルチャじゃん」ってみんな言うでしょ?

——そうですね。

鈴木　でも俺に言わせれば、デスペラードは誰よりも〝ストロングスタイル〟だから。いまの新日本所属選手の中で、アイツはぶっちぎりでストロングスタイルだよ。プロレスの本質を知ろうとしてる。

——見た目やファイトスタイルではなく、プロレスラーとしての姿勢が〝ストロングスタイル〟ということですね。

鈴木　だから今回、デスペラード、成田と3人でユニットを組んだとき、「ストロングスタイル」という名前が一発でひらめいた。「これしかない」と思って。名は体を表すじゃないけど、自分たちのやりたいことがこのネーミングには詰まっている。それプラス、俺は34年前に新日本でデビューして1年で辞めてるから、本来、新日本を象徴する言葉でもある〝ストロングスタイル〟を名乗る権利はないんだろうけど、新日本を辞めて以降も俺がやってきたことって、〝それ〟の追求でしかなかったんだよね。

——ストロングスタイルを追求したからこそUWFに移籍したし、パンクラスを設立したと。

鈴木　ゴッチさんに教えを乞うたことも含めて、自分が思い描いていたレスラー像に向かって生きてきた。それを一言で言うとストロングスタイルって言うんじゃないかと、俺は勝手に思ってる。その都度チャレンジしては失敗して、試行錯誤を繰り返してきたんだけど、令和のプロレス界に俺みたいな経験をしてきたレスラーはもういないんで。その俺が言うんだから、マスクを被ってようが何しようが、デスペラードはストロングスタイルなんだよ。そんなこと言ったら(初代)タイガーマスクだってそうじゃん。

——誰よりもストロングスタイルですよね。

鈴木　虎のマスクを被って空中殺法やってたはずなのに、ストロングスタイルの象徴じゃねえかよ。

——「ストロングスタイルプロレス」という団体を主宰しているくらいですからね(笑)。

鈴木　だから俺の中ではそれと同じだと思ってる。ストロングスタイルはファッションやキャッチフレーズじゃないんだよ。黒パンツに黒シューズを履いて、猪木さんみたいなガウンを着たって、それがストロングスタイルじゃないし、キックを使って、スープレックスをやって、関節技をやるからストロングスタイルでもないんだよ。

——新ユニットを発足して、これから楽しみですね。

鈴木　鈴木軍が解散でみんなが自由意志になって、「自分は次にやりたいことがある」「いままでできなかった新しいものをやりたい」って思ったときに成田っていうヤツをひとり見つけて、そこにデスペラードは自分の意志で駆け寄ってきて、「また一緒にやりましょう」と言ってきた。だから本当の意味で仲間だよね。だからこのチームは凄く自然にできた感じがする。あとデスペラードとはプライベートでもいろんな部分で気が合うんで。趣味の釣りであったりとか、酒の飲み方であったりとか。それこそゲームのアプリであったり。

——普通に気の合う友達ですね(笑)。

鈴木　凄く気が合う部分が多いんだよね。ゴッチさんや藤原さんは、俺のことを「弟子」とも「教え子」とも言わず「友達」って言ってくれるんだよ。だからデスペラードもやっぱり、友達なんだろうね。

SENTS
VE'
INAL
串カツ・おでん
まつい

KAMINOGE
ORIGIN OF SELFIE

収録日：2023年1月26日
撮影：タイコウクニヨシ
写真：プロレスリング・ノア
聞き手：堀江ガンツ

黄金の90年代ＷＣＷ伝説の日本人マネージャーにして、新日本との提携時代の重要人物が珠玉のエピソードを披露!!

自撮りの元祖

サニー・オノオ

「武藤さんが引退して、次はどの日本人が
凄いキャラクターを持ったトップスターになるのか。
アメリカのトップ選手全員と絡んだ
グレート・ムタみたいな男は
もう出てこないかもしれない。
もしもあいう日本人選手がまた現れたら、
ボクは横で一緒に
セルフィーを撮らせてもらいます（笑）」

「日本人は『できません』とか『いりません』ってハッキリ言わないことにアメリカ人は気がつかないんですよ」

――いや〜、90年代のWCWが好きだった者として、サニーさんにお話が聞けるなんて光栄ですよ。

サニー　でも、ボクの日本語チョット変だからよろしくね！

――全然大丈夫だと思いますよ。

サニー　きのうもマサ（斎藤）さんの奥さんと食事をしたんだけど、彼女は本職の通訳でもあるから、いつもボクが変なことを言うと「サニー語だね」って言うんですよ。

――マサさんの言葉が英語と日本語のちゃんぽんである「マサ語」なのと一緒ですね（笑）。

サニー　そうそう（笑）。

――サニーさんが日本に来られたのは、大阪でやったマサさんの追悼イベント（2019年2月15日、大阪・城東区民センター『マサ斎藤メモリアル』）以来ですか？

サニー　そうですね。上井（文彦＝イベント主催者）さんともきのう話したんですけど、マサさんのイベントがあるって聞いたとき、ボクとエリック・ビショフは「行くよ。お金なんかいらない。マサさんのために飛行機も自分たちで取って行くから心配しないで」って言ったんですよ。そうしたら彼ももの凄く感謝してくれましたね。

――サニーさんとエリック・ビショフは自腹だったんですね。

サニー　あのイベントはノアの選手も来ていたでしょ。マサさんの教え子の（マサ）北宮くんとか中嶋（勝彦）くん。そこでノアとの関係も生まれたんですよ。

――ああ、そうだったんですね！　それが今回の「グレート・ムタ ファイナル」にもつながったと。

サニー　あのとき、金本（浩二）さんも来ていたんですよ。彼は90年代のWCWとニュージャパンの試合のときのニュージャパン側の選手で、大谷（晋二郎）さん、金本さん、ライガー、ケンスキー（健介）、マサっていうような感じで、WCWに上がってくれたんですよ。

――当時はWCWと新日本の協力関係で、クルーザー級もヘビー級も盛り上がりましたよね。

サニー　あの時代がいちばんよかったですね。ボクはいつも聞かれるんですよ。「どうしてあのとき、新日本とWCWが仲良くできたのか」って。大きな団体同士のああいう本当の協力関係って、それからは全然ないんです。いまAEWと新日本で選手の貸し借りをやっていますけど、お互いのことはあまり考えていないと思うんですよ。でも、あのときはビショフさんから「サニーは日本人のことを大事にしろ」って言われて、でもブッカーがちゃんと面倒をみてくれて。WC

Wの選手が新日本に行ったときは、マサさんが気をつかって凄く面倒みてくれた。このことをアメリカ人は知らないんですよ。「気をつかう」っていうことを。それを日本人は子どもの頃から習うでしょ。だから文句も言わずにみんなマスクしてるでしょ。

――粛々とマスク着用に従っていますね（笑）。

サニー　アメリカ人はマスクなんか使わないですよ。自分のことしか考えていないから。日本人がマスクをするのは自分のためじゃなくて、他人を感染させないために使ってる。それはビジネスもそうなんですよ。アメリカの会社と日本の会社はそこがちょっと違うんですね。

――アメリカの会社は、どれだけ自分たちの利益になるかだけを考えるわけですか。

サニー　そうそう。アメリカ人が何かを売ろうとするとき、すぐに返事がほしいんですよ。でも日本人は気をつかうから、買わないつもりでも「買わない」とは言えないでしょ？

――「いいですねえ」「けっこうなものですねえ」と、いちおう褒めたりして（笑）。

サニー　だからアメリカのビジネスマンが「日本にもう3、4回行って商談してるんだけど、契約が全然取れない」って、ボクのところに相談が来るんですよ。ボクはハッキリ言いますよ。「たぶん何回行ってもダメですよ」って（笑）。

「新日本とのミーティングで、ボクらはこのまま東京湾に捨てられるんじゃないかと思って凄く怖かった（笑）」

――「いいですねえ」って言ってるだけで契約する気はないぞと（笑）。

サニー　「行けばいつもよくしてくれて、いい食事も食べさせてくれるんだけど、契約が全然取れない」って言うんだけど、日本人は「できません」とか「いりません」ってハッキリ言わないんですよ。それを言うのが失礼だと思っているから。そこにアメリカ人は気がつかないんですよね。

――では、新日本とＷＣＷがうまくいったのは日本とアメリカ、両方の感覚をわかっているサニーさんやマサさんがいたからなんでしょうね。

サニー　ビショフさんが社長になったとき、「日本に一緒に来てくれ」って言われたんですよ。ボクは彼とは昔から空手の友達で、「サニーは日本語がわかるから、ただ黙って向こう（新日本側の担当者）が何を話しているかだけを聞いてくれ」って。

――それがサニーさんがプロレス界に入るきっかけですか？

サニー　そう。ボクはもともとプロレスのことは全然知らなかったんです。だから最初は仕事で新日本に行ったわけじゃ

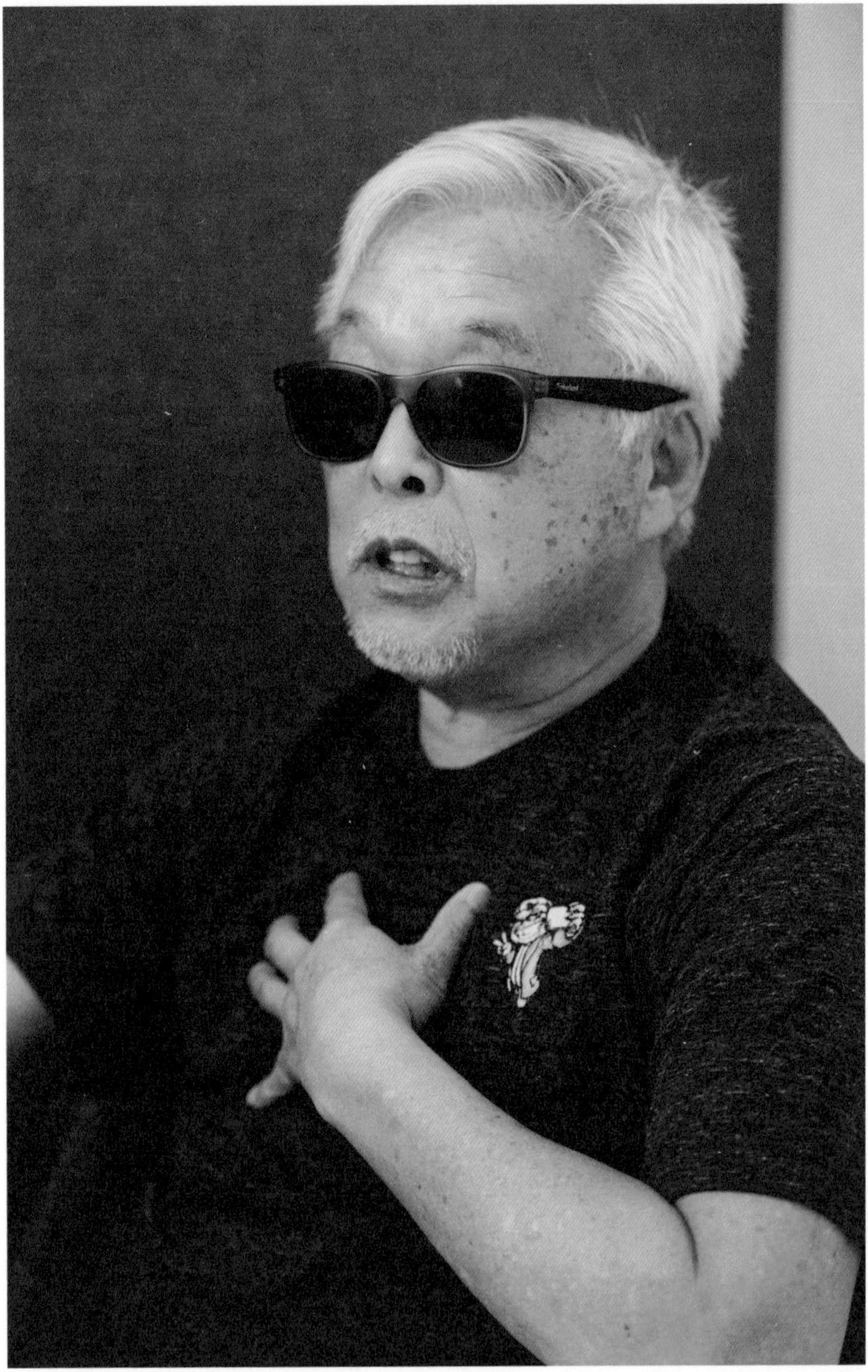

なくて、彼の友達としてついて行っただけだったんだけど。いざ行ってみたらタイガー服部さんに「サニー、通訳しろ」って言われて、「えっ、ボクの日本語でいいの？」って(笑)。

——そんなつもりじゃなかったのに(笑)。

サニー それでテレビ朝日の会議室でミーティングしたんですけど、雰囲気がフレンドリーじゃなくて重苦しいんですよ。新日本側はマサさん、坂口(征二)さん、倍賞(鉄夫)さん、リキ・チョーシューが来ていたんだけど、この4人って凄く怖いじゃん(笑)。

——迫力ある方々ですよね(笑)。

サニー もうみんな顔が笑ってないんですよ。「えっ!? この人たちは怒ってるの？」と思って。それで最初にビショフさんが「本当にすみませんでした」って言ったんですよ。ボクは何も知らなかったんで、何が「すみません」なのか全然わからなかったんだけど、彼が言うには、WCWは新日本からけっこうなお金をもらっていたのに、前の担当者がいい選手を全然送らなかったんで、凄く問題になっていたみたいなんですよ。

——たしかに新日本とWCWの提携って、最初は東京ドームで『スターケードIN闘強導夢』(1991年3月21日)なんてやっていましたけど、しばらくすると有名無実化してたところがありましたね。

サニー 「それでこの人たちは怒ってるんだ」ってボクも気がついて。この状況は非常にまずいなと。おそらくボクらはこのまま東京湾に捨てられるんじゃないかと思って、凄く怖かった(笑)。

——そこまで思いましたか(笑)。

サニー だって初対面であの人たちを目の前にしたら、本当に怖いですよ。あの人たちにじっと睨まれたりしたら、それだけで死んじゃうような気がしたもん(笑)。それでいろいろお話をして、ビショフさんが「私が社長になりましたので、これからはちゃんとやりますから、もう一度チャンスをください」って言って。

——関係修復のための来日だったんですね。

サニー それまで新日本は、シリーズにWCWの選手を送ってもらうためにその後の予定をいつも知らせていたのに、WCWはその返事をちゃんと返していなかったみたいなんですよ。だからマサさんが「いったい誰に連絡すればいいんだ？」って聞いてきて。そのとき、ボクはまだWCWで働いていなくて、あくまでビショフさんの友達としてついてきただけだったのに、ビショフさんが「これからはサニーに連絡してもらえれば、24時間以内に返事します」とか言ってるんですよ。ボクはビショフさんの顔を見て「えっ、なに言って

んの!?」って思ったよ（笑）。

――「聞いてないよ～！」と（笑）。

サニー　で、そのあとみんなで食事に行ったとき、ビショフさんに聞いたんですよ。「なに言ってんの、あんた。ボクはWCWの人間じゃないのに」って。そうしたら彼は「もうこの会社に勤めるようにするから」って言われて、それでボクはプロレス界に入ったんですよ。急に。

――そうだったんですね（笑）。じゃあ、最初はマネージャー役じゃなくて、新日本との窓口係だったと。

サニー　ボクはそのときに空手道場を持っていて、電話を受けてビショフさんに連絡するだけだったら給料のプラスになるからいいなと思ったんですよ。そしてボクとビショフさんはもともと友達だし、マサさん、ブラッド・レイガンズも含めて、みんな友達みたいな感じでやるようになったんです。お互いに気をつかってくれてね。だからWCWもスティング、レックス・ルガー、リック・フレアーというトップ選手を心配なく日本に送れたんですよ。

「レスリング仲間は『サニー・オノオがセルフィー（自撮り）を有名にしたんだ』って言いますよ」

――なるほど。マサにまかせておけばトップレスラーの価値を落とされたりする心配もないと。

サニー　逆に武藤（敬司）さんや蝶野（正洋）さんがＷＣＷに来て、問題なく流れの中に入れてもらえたから、そこからｎＷｏジャパンも生まれてね。お互いにいいビジネスができていたんです。ビショフさんもボクに「日本人にはちゃんと気をつかってくれ。とにかくリレーションシップが大事だから」って、いつも言ってましたからね。そうやって1年くらい続けていたんですけど、新日本のレスラーはＷＣＷに来てもいい仕事はしてくれるけど、英語のしゃべりができないということで「サニー、マネージャーになってくれ」って言われて。それでボクはテレビに登場するタレントになったんですよ。

――裏方だけだったのが、出役にも抜擢されたんですね。「サニー・オノオ」のキャラクターはどのようにして生まれたんですか？

サニー　バブルの時代、日本人は金持ちみたいな感じで、ハワイのゴルフ場を買い漁ったり、ニューヨークのビルを買ったりしていたでしょ？　だから94～95年頃のアメリカ人から見た日本人のそういうイメージで、ボクは「サニー・オノオ」になったんですよ。

――成金の嫌味な日本人に（笑）。あのキャラクターを形成するのに、どなたかのアドバイスはあったんですか？

サニー　ボビー・ヒーナンやジミー・ハートとか、ＷＣＷの有名なマネージャーたちが「サニー、これをやったらいいんじゃないのか」って、ボクにいろいろ教えてくれたんですよ。で、ボクがよくやっていたコレ（揉み手）は、マサさんが「コレをやるといい」って言うから始めたんですよ。

――ニヤニヤしながら揉み手でゴマをするっていうのは、昔から卑怯な日系悪役レスラーのやることですもんね（笑）。

サニー　やっぱりアメリカ人から見れば日本人は外国人だから、当然悪党になるわけですよ。それと当時の日本人観光客はどこでも写真を撮っていたでしょ？

――「写ルンです」で自撮りして（笑）。

サニー　いまはみんなスマホを持っていてセルフィーをやるけど、当時は日本人ぐらいしかやっていなかったんですよ。だからウルティモ・ドラゴンとか永田（裕志）くんと一緒に入場するとき、毎回ステージで自分の写真を撮って、それがボクのイメージになったんですよね。

――あれも当時のステレオタイプな「日本人」のイメージだったんですね。

サニー　だからレスリング仲間は「サニー・オノオがセルフィーを有名にしたんだ」って言いますよ。毎週テレビでやってましたからね。

――でも、いま考えると『ＷＣＷマンデーナイトロ』という

人気番組に日本人選手が毎週出ていたって凄いことですよね。

サニー　当時の新日本の目的として、日本の選手がアメリカのテレビに出ればイメージが上がるでしょ。それで武藤さん、蝶野さんも上がったし、若い天山や永田くんも毎週出てきて彼らのイメージも上がったじゃないですか。日本の選手が出られるようになったのは、クルーザー級の飛べる選手たちのおかげですよ。昔のプロレスはデカい人たちがぶつかり合うものだったけど、ライガーさんやウルティモ・ドラゴンは飛べるから、「これは凄いな！」となって、どんどん日本の選手を呼ぶようになったんです。

――そうだったんですか。

サニー　そのきっかけを作ってくれたのがマサさん。猪木さんがピースフェスタ（平和の祭典）をロスでやったとき（1996年6月1日、ロサンゼルス・スポーツアリーナ）、ボクとビショフさんも行ったんですよ。そのとき、マサさんが「この選手は見ておいたほうがいいよ」って言ってくれて、WCWが契約を決めたのがクリス・ベンワー（ベノワ）、エディ・ゲレロ、ディーン・マレンコ。この3人は当時新日本のレギュラーで、あとクリス・ジェリコとウルティモ・ドラゴンは天龍さんの団体（WAR）に上がっていた。ビショフさんは彼らを見て「ぜひ使いたい！」ってなったんです。

「クルーザー級の選手たちは凄い動きをするから、テレビの前のファンもリモコンの手が止まったんです」

――まさにWCWクルーザー級黄金時代のメンバーですね。

サニー　あのとき、『ナイトロ』が始まることは決まっていたから、ビショフさんは「これまでと違う選手をお客さんに見せたい」と思っていて、彼らはうってつけの存在だった。WCW『ナイトロ』の視聴率がWWEの『ロウ』を83週破ったのには理由があって、『ナイトロ』は月曜19時から始まって『ロウ』は20時から始まるんだけど、WCWはその時間に合わせてクルーザー級の試合を流したんですよ。彼らの試合っていうのはストーリーがなくても観ちゃうじゃん。

――たしかにアクロバチックな動きに目を奪われますよね。

サニー　アメリカのプロレス番組っていうのはほとんどがストーリーで、そのストーリーの延長で試合があるような感じなんだけど、クルーザー級の選手たちはストーリーなんかいらなくて、凄い動きをするからテレビの前のファンもリモコンの手が止まって、『ロウ』のほうにいかない。そういう目的があってやっていたんです。

――80年代の新日本も、タイガーマスクの試合をテレビ中継の最初に持ってきて高視聴率を獲得していましたけど、それ

NG

と同じように『ナイトロ』でもクルーザー級の選手たちが重要な役割を果たしていたんですね。

サニー　ビジネス的におもしろい話があって、ベンワー、エディ、ディーンは新日本との契約があったんですけど、向こうの契約は12週間だったんです。

――独占契約ではなく、「1年間に12週間呼ぶ」という契約だったわけですね。

サニー　そう。だからそのときにビショフさんが考えたのは、彼らをそのままＷＣＷとも契約を結ばせて、新日本とＷＣＷ両方で試合できるようにしたんです。そうすることで両方の団体が盛り上がるし、選手の給料も一気に3倍くらいに上がって彼らもよろこんで、みんなにとってよかったんですよ。

――新日ジュニアだけの世界だったのが、ワールドワイドになりましたもんね。

サニー　ビショフさんの前のＷＣＷっていうのは、ギャランティがなかったんですよ。１試合いくらのファイトマネーにプラス、興行収益のパーセンテージ。でも年間契約のギャランティがなければ銀行でお金を借りることもできなければ、家も買えないんです。それがビショフさんのおかげで、選手はオフィスに勤めるみたいに給料を毎週もらえるようになって、人生設計ができるようになった。だからビショフさんはプロレスのビジネスをチェンジさせましたよ。

――ＷＣＷとＷＷＥが競い合っていた時代というのは、レスラーの収入も一気に上がった時代なんですね。

サニー　そう。選手にとっては大きな会社がふたつあると得するわけですよ。いまはＡＥＷがあるけど、その前のＷＷＥだけが飛び抜けていた状況はよくなかった。ＷＷＥがＷＣＷを買ったとき、たくさんの選手がギャランティの面で切られてしまったんですよ。だから、あのときにいちばん損をしたのは選手ですよ。

――いまＡＥＷは新日本を始め、ノア、ＤＤＴなんかとも選手の貸し借りをしていますけど、今回のスティング来日に関してはサニーさんが尽力されたとうかがっているんですが。

サニー　自分なりに協力させてもらいましたね。じつはノアがＡＥＷに「スティングを使いたい」という話をしたんだけど、４回断られたんですよ。

――４回も断られたんですか！

サニー　それ以前に、武藤さんは3年前にも一度断られてるんですよ。3年前、ボクが武藤さんをアメリカに呼んでサイン会をやったとき、武藤さんとスティングが再会したんですね。当時、武藤さんは日本で『プロレスリング・マスターズ』をやっていたので、武藤さんから「サニー、スティングにマスターズに出てくれるか聞いてみてよ」って言われたんです。

「スティングが『ムタとは30年来の友達だから最後の試合には行ってみたい』って言ったら、6回目でやっとOKになった」

――『マスターズ』にも呼ぼうとしていたんですね。

サニー　それでスティングに聞いてみたら「いやあ、お金もかかるし、無理だろ」って言われたんですよ。

――『マスターズ』は後楽園ホール開催だから、たしかにスティングを呼んだらペイできないですよね。

サニー　それが武藤さんがスティングにオファーした最初だったんですけど、去年、武藤さんが引退することが決定して、ムタの最後の試合のためにノアがあらためてＡＥＷと交渉したんですけど、４回も断られたんです。

――ＡＥＷも新日本とのビジネスがありますからね。

サニー　これはあとでわかったんですけど、まさにそれが問題になっていたみたいなんですよ。それでノアの武田（有弘＝サイバーファイト取締役）さんが「サニーさんはスティングとお知り合いですか？」って聞いてきたんで、「知り合いだよ。もう何十年にもなる友達だから」って答えたら「そうしたらスティングに話してもらえますか」って言われたんで、ボクはまたスティング本人に電話したんです。「知ってる？　武藤さんがあなたのことを呼んでるよ」って話したら、スティングはそのことを全然知らなくて。

――スティングまで話が行っていなかったんですね（笑）。

サニー　そうそう。ＡＥＷの会社で話が止まっちゃっていたんですよ。それでスティングは「ムタの最後の試合なら自分はもちろん行きたいけど、その前にトニー・カーン（ＡＥＷ社長）に確認しなきゃいけないね」と言っていて、スティング自身がトニーに聞いたんですよ。そうしたらトニーは「いや、行かないほうがいい」って言って、そこでも断られたんです。通算５回目（笑）。

――トニー・カーンに「ダメ」って言われたら、普通はそこでもう終わりですよね。

サニー　でも、そのときボクが思ったのは「どうしてトニーは行っちゃいけないって言ったのかな？」っていうことなんですよ。アメリカではＷＷＥとＡＥＷは対立しているじゃないですか。トニーは新日本とノアも同じような関係だと思っているんじゃないかと感じたんですよ。

――日本では業界の１位と２位だから、当然対立しているだろうと。

サニー　でもノアと新日本は仲良くやってるでしょ。だからスティングから「トニーのＯＫが出ないから、残念だけど日本に行けないよ」っていう電話が来たとき、「ＡＥＷは新日本と仕事をしてるから、トニーは新日本のことを気にしてるんじゃないの？」って言ったんですよ。「だからトニーにこれだけは言っておいて。新日とノアは仲良くやってるから大丈夫だよ」って。だって新日本の小島（聡）さんがノアでチャンピオンになっているわけだから。

——会社同士の了解なしではありえないことですよね。

サニー　それを言ったらスティングが「じゃあ、もう一度トニーに聞いてみるよ」ってことで、あらためてスティングがトニーに説明したんですね。「トニー、ニュージャパンとのことで心配しているのであれば、それは問題ない」って。そうしたらトニーが「本当に行きたいのか？」って聞いてきて、スティングは「ムタとは30年来の友達だから、最後の試合には行ってみたい」って言ったら、「本当に行きたいのであれば行ってもいいよ」って言われたと。だから6回目でやっとOKになったんですよ。

——そんな紆余曲折があったんですね。

サニー　普通、一度ダメって言われたらすぐに終わりじゃん。それを6回粘ってOKになったんだから奇跡だよ。

「いまアメリカのファンの間で話題になっているのは『次のムタは誰か？』っていうことなんですよ」

——ムタvsシンスケ・ナカムラが〝奇跡の一戦〟と呼ばれましたけど、ムタとスティングのタッグも〝奇跡〟だったんですね。

サニー　で、それからアメリカと日本をＺｏｏｍでつないで、ムタとスティングが組むまでの流れをみんなで話し合ったんですよ。ムタとスティングというのは、ＷＣＷではずっと敵同士だったでしょ？　アメリカはストーリーが大事だからさ、なんの理由もなくスティングが日本に行ってムタと組んだらおかしいじゃん。ずっと敵だったんだから。

——たしかにそうですね。

サニー　それでスティングが「ムタはアメリカに来られるのか？」って話になって、ＡＥＷで展開しているスティングとダービー・アリンのストーリーにムタを絡めることになったんです。だから内緒でムタがアメリカに行ってＡＥＷに登場して、スティングを助けたでしょ？

——生放送で突然の登場でしたよね。

サニー　あそこでムタがスティングを助けたことで、今度はスティングが日本に行く理由ができたんですよ。それでムタのラストマッチは6人タッグマッチになったから、3番目の選手が必要になって、もともとは日本人選手の誰かを使うというアイデアもあったんですよ。

——スティングひとりで、かなり予算を使っているでしょうからね（笑）。

サニー　でも、せっかくAEWを巻き込んだストーリーにしたんだから、ボクはダービー・アリンに「こんなチャンスは二度とないから、日本に行ったほうがいいよ」って話をしたんですよ。だってムタとスティングというレジェンドふたりが仲間にいてさ、みんなペイントしたチームになれるわけでしょ。ボクは3人並んだらカッコいいと思ってね。そうしたらダービーも「日本に行きたい」って話になって、それであのチームになったんです。

――結果的に大正解でしたね。ちょっとファミリーっぽい感じもあって。

サニー　ボクもそう思いますよ。それでダービーが「闘う相手は誰なの?」って聞いてきたんで「ハクシー（白使＝新崎人生）だよ」って答えたら、「えっ、ホント!?　WWEの?」って驚いてね。彼は子どもの頃からプロレスを観ているから。

――白使は〝ヒットマン〟ブレット・ハート時代のWWEスーパースターですもんね。

サニー　それで横浜の試合後、ダービーは「ハクシーをアメリカに呼びたい。彼とシングルがしたい」って言ってましたよ。

――それは素晴らしいですね!

サニー　だから、もしかしたらAEWでダービー・アリンvsハクシーが実現するかもしれない。ハクシーもレジェンドだからね。だからダービーには「そうなったら、たぶん俺がハクシーのマネージャーをするよ」って言ったんだけど（笑）。

――武藤さんはご自身の引退を「これで終わるのではなくて、あとに残すようなものを作りたい」って言っていたんですが、実際にそうなっていますね。

サニー　いまアメリカのファンの間で話題になっているのは「次のムタは誰か?」っていうことなんですよ。

――ムタの後継者となるような、日本人スターは誰なのかという。

サニー　カブキさんのあとにムタが出てきて、じゃあ、次はどの日本人が凄いキャラクターを持ったトップスターになるかっていうことですね。でも武藤さんみたいな人はもう出てこないかもしれない。グレート・ムタは当時のアメリカのトップ選手みんなと絡んだんだから。もし、そういう日本人選手がまた現れたら、ボクは横について一緒にセルフィーを撮らせてもらいますよ（笑）。

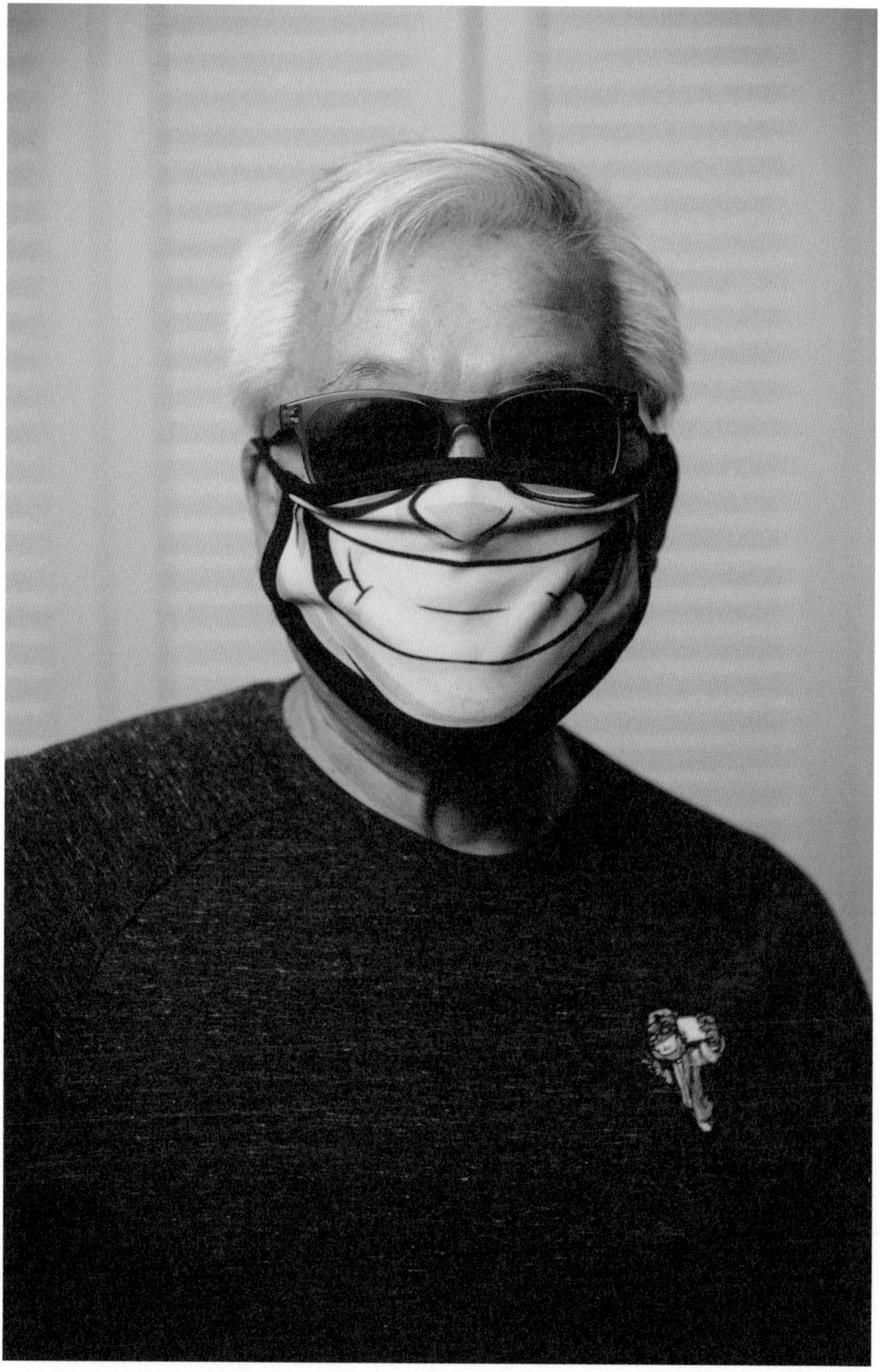

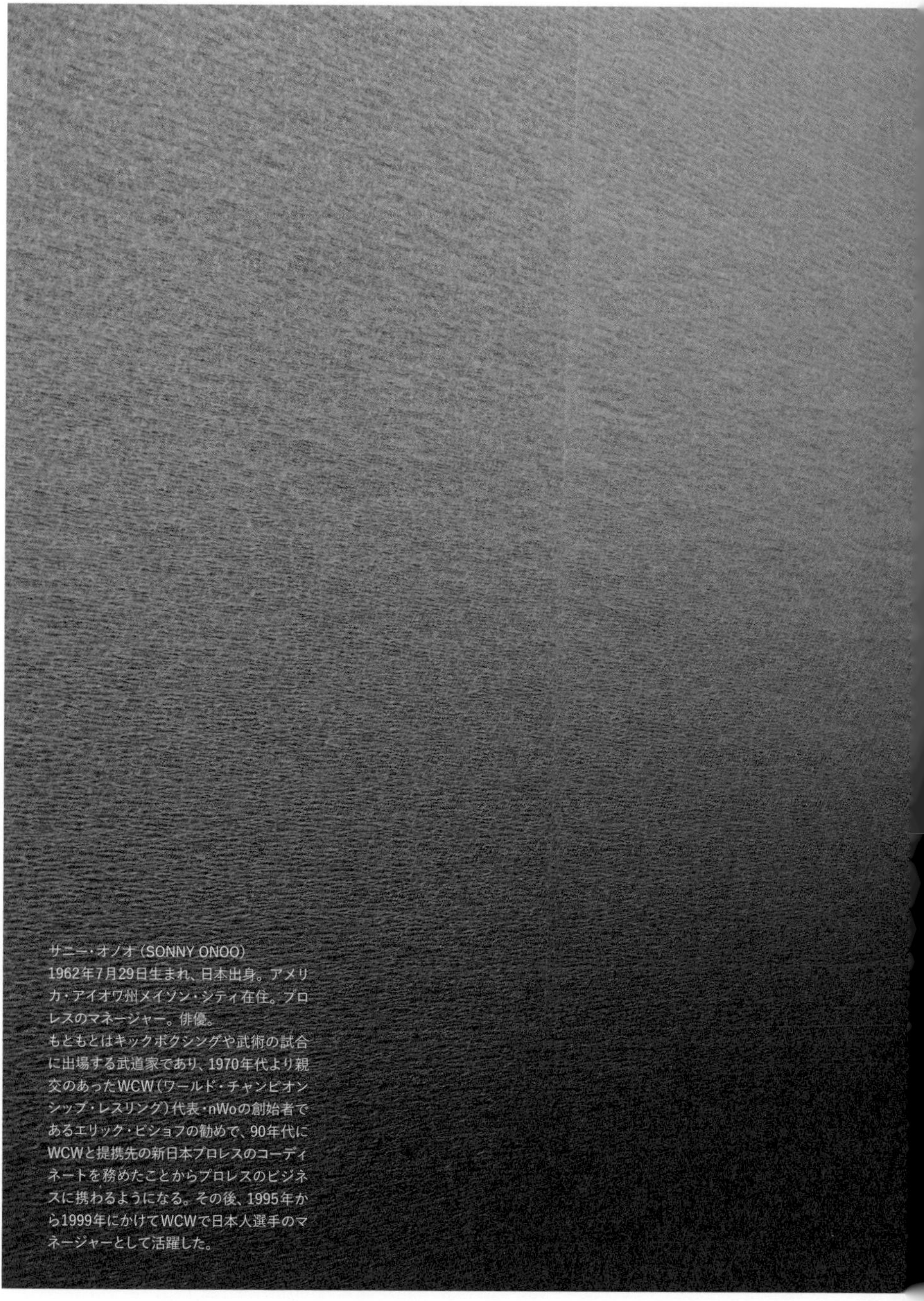

サニー・オノオ（SONNY ONOO）
1962年7月29日生まれ、日本出身。アメリカ・アイオワ州メイソン・シティ在住。プロレスのマネージャー。俳優。
もともとはキックボクシングや武術の試合に出場する武道家であり、1970年代より親交のあったWCW（ワールド・チャンピオンシップ・レスリング）代表・nWoの創始者であるエリック・ビショフの勧めで、90年代にWCWと提携先の新日本プロレスのコーディネートを務めたことからプロレスのビジネスに携わるようになる。その後、1995年から1999年にかけてWCWで日本人選手のマネージャーとして活躍した。

HENTAIZADANKAI

玉袋筋太郎の変態座談会

TAMABUKURO SUJITARO

リングのムササビ

AKIRA

AKIRA

UWFとの激闘とJJジャックス
平成維震軍からTEAM2000
激動のプロレス界を渡り歩いた
プロレスリングマスターが登場!!

収録日:2023年2月10日　撮影:橋詰大地　試合写真:山内猛　構成:堀江ガンツ

[変態座談会出席者プロフィール]

玉袋筋太郎（1967年・東京都出身の55歳／お笑い芸人／全日本スナック連盟会長）

椎名基樹（1968年・静岡県出身の54歳／構成作家／本誌でコラム連載中）

堀江ガンツ（1973年・栃木県出身の49歳／プロレス・格闘技ライター／変態座談会主宰者）

[スペシャルゲスト] AKIRA（あきら）

1966年3月13日生まれ、千葉県習志野市。本名・野上彰。プロレスラー。MAKAI所属（俳優アキラノガミとしては浅井企画所属）。

1984年、新日本プロレスに入門して同年10月12日、武藤敬司戦でデビュー。船木誠勝とのタッグでUWFの安生洋二＆中野龍雄組と好試合を連発し、ヨーロッパ遠征を経て、凱旋帰国と同時に第16代IWGPジュニアヘビー級王座を奪取。その後、飯塚高史と「JJジャックス」を結成。1996年にタッグ解消後、平成維震軍の一員となる。1998年以降は俳優業を開始しつつTEAM 2000に参加。2004年に新日本を離脱、フリーとなって全日本プロレスにスポット参戦や、ハッスル、マッスルなどを経てふたたび新日本に参戦を果たす。その後もSMASHやWNC、WRESTLE-1で活躍した。

「JJジャックスってみんな過剰反応するんですけど、自分としてはべつに。まあ、ナイストライだったなと」(AKIRA)

玉袋　どうも野上さん、ご無沙汰してます！

AKIRA　お久しぶりです。前回お会いしたのはコロナ前ですよね。蝶野（正洋）さんの防災のイベントでご一緒して。

玉袋　そうでしたね。蝶野さんと野上さんと、あんときは橋本環奈もいたりして。

椎名　橋本環奈⁉　橋本真也じゃなくて？（笑）。

玉袋　橋本真也は死んでるから！（笑）。

ガンツ　玉さんとAKIRA選手は顔見知りだったんですね。

玉袋　けっこう古いんだよ。野上さんは憶えてるかどうかわからないけど、新日本の会場警備をやっていたガードマンで、中央サミット警備の渡辺さんっていう人がいて。

AKIRA　あー、はいはい。『天才・たけしの元気が出るテレビ‼』に出ていましたね。

玉袋　そう。ホイッスル渡辺。その頃からだもん。俺はホイッスル渡辺さんと友達になっちゃって、一緒に橋本真也の結婚披露宴にも行ってさ。そこでも会ってるんだけど、当時の野上さんはどのポジションだったんだろう？

AKIRA　その披露宴はいつだったのかなあ？

ガンツ　平成維震軍の前くらいじゃないですかね。

AKIRA　じゃあ、JJジャックスですか？

玉袋　JJジャックスっていうのは、野上さんからすると美しい思い出？　それとも消したい過去？（笑）。

AKIRA　みんな過剰反応するんですけど、自分としてはべつに。まあ、ナイストライだったなと。

玉袋　ナイストライ（笑）。あの売り出し路線は誰が考えたんですか？

AKIRA　会社側です。上井（文彦）部長でしたね。

玉袋　あっ、上井さんなんだ。

椎名　上井駅長プロデュースの「日本の陽気なヤツら」だったんですか（笑）。

AKIRA　女の子ウケするチームを作ろう、みたいな。当時はアメリカでなんとかエキスプレスとか、タッグチームが流行っていたんですよね。

ガンツ　ロックンロール・エキスプレスとかですよね。

AKIRA　なんか、それをやりたいってことで。

ガンツ　そういう時代だったんですよね。全日本では川田（利明）さんと冬木（弘道）さんがフットルースをやらされたくらいですから（笑）。

玉袋　あれよりははるかにいい！　あのヒョウ柄のパンツよりはダサくないよ（笑）。

ガンツ　川田さんは頭に巻いていたバンダナを客席に投げ入

れたら、投げ返されたという伝説の持ち主ですからね（笑）。
AKIRA　なんとも言えないな（笑）。
ガンツ　ＪＪジャックスのイメージが強いんで、ＡＫＩＲＡ選手は飯塚（高史）さんと同世代に思われたりしますけど、じつは闘魂三銃士と同期で、厳密に言うとちょっと先輩なんですよね？
AKIRA　2～3週間くらい早いですね。
玉袋　もし入門が1カ月遅れて後輩になっていたら、いまごろ野上さんはここにないと思うよ（笑）。
AKIRA　それはそうですね。
椎名　すぐ上の先輩にライガー、橋本真也がいることになっちゃう（笑）。
玉袋　芸人の世界もそうだけど、プロレスラーも1日でも早く入ったら「先輩」ですもんね。
AKIRA　だから武藤さんは4つくらい歳上なんですけど、寮長だった小杉（俊二）さんに「1日でも先に入ったら先輩なんだから、さん付けで呼ぶな」って怒られたりしていましたね。

「新倉さんが寮長をやっていたときはまだ秩序があったんですけど、小杉さん、後藤さんが上になってからなくなっていった」（AKIRA）

ガンツ　それこそ船木（誠勝）さんなんか中卒で入ってきているのに、道場では武藤さんよりも先輩ってことになっちゃうという（笑）。
AKIRA　そうでしたね。当時は小杉（俊二）さんと後藤（達俊）さんが寮で派閥を争っていたんですよ。後藤さんは歳上だけどあとに入ってきたから、そういう体裁もあって小杉さんが「ちょっとでも早く入ったヤツが偉いんだ！」って主張されていましたね（笑）。
ガンツ　小杉さんが後藤さんより〝上〟を主張するための入門順至上主義でしたか（笑）。
AKIRA　そういうルールが寮長に徹底されていたんで、困った空気になりましたね。ボクも武藤さんにタメ口をきくのも「なんかやりにくいなあ……」みたいな、変な感じになっていました。
玉袋　ちなみに野上さんは小杉派と後藤派だと、どっちだったんですか？
AKIRA　どっちかと言えば小杉さんでしたね。小杉さんも本当に怖くて、細かいところに厳しい人なんですよ。たとえば、ちゃんこを食ったあと、茶碗を洗って戻さなきゃいけないんですけど、米粒がちょっとでも残っているとそれをネチネチ言われたりとか。
玉袋　米粒だけにネチネチと（笑）。
ガンツ　小杉さんは新潟出身だけに粘りが強めで（笑）。

玉袋　やっぱり怒られるときは手が出たりするんですか？

AKIRA　手は出なかったですね。手が出るのは後藤さんだったんで。

玉袋　さすが寛水流だけに手が出るんだな（笑）。でも、そういう時代の新日道場で生き残るんだから野上さんも粘り強いんだろうな。

AKIRA　全然そんなことないんですよ。中学のときに野球部は途中で辞めているし、高校の柔道も中途半端で辞めているし、自分ちの家庭の中では何事も続かない人間だと思われていたんで。だから好きで入ったプロレスくらいは「いらねえから辞めろ！」って言われるまではいてやろうと思っていましたね。

椎名　プロレス入りに関して、親御さんはオッケーだったんですか？

AKIRA　親はオッケーでしたね。まあ、貧乏な家だったんで。母子家庭で3人きょうだいだったものですから。いま思うと「大学に行く」なんて言い出したらお金が大変だったでしょう。

玉袋　それなら〝肉体労働〟だと（笑）。新日の入門テストに受かったときのよろこびはハンパじゃなかったと思うんですけど。

AKIRA　でも何かを達成したわけじゃないんで、ここからスタートですよね。「何があっても食らいついてやろう」としか思っていなかったです。

ガンツ　地獄に入っていくことを理解していたんですね。でも考えていた以上に一般社会とは違っていましたか？（笑）。

玉袋　鬼ヶ島に入ってみて（笑）。

AKIRA　要するに、あそこは世の中からあぶれた人たちが集まるところじゃないですか。ボクもその中のひとりなんですけど（笑）。いわゆる世の中で言うアスペルガーの集まりだったので、だから練習がキツいとかじゃなくて、秩序がなかったですね。

ガンツ　むしろ練習がいちばん秩序があるという（笑）。

AKIRA　練習が厳しいのは納得できるんですよ。でも人間関係だったり日常生活がもうね。「なんだこれ!?」みたいな感じでしたからね（笑）。ボクが入ったばかりの頃、新倉（史祐）さんが寮長をやっていたときはまだ秩序があったんですけど。

玉袋　新倉さんとも対談させてもらったけど、常識人だから大丈夫だと思う。

AKIRA　それがUWF騒動で髙田（延彦）さんがいなくなり、ジャパンプロレスができて新倉さんもいなくなって、それこそ小杉さん、後藤さんが上になってから秩序がなくなっていきましたね。

ガンツ　厳しすぎる人と暴れる人という極端なふたりになって（笑）。

AKIRA　それで第1回ヤングライオン杯で小杉さんが優勝したんですけど、ちょっとしたら腰を痛めていなくなっちゃったんですよ。そこからもうひどいですね。山田（恵一）さんが寮長になっちゃって。

玉袋　うわー、それはダメだ。もう聞きたくないもんな（笑）。

ガンツ　まさにサル山で、ボスザルそのものみたいな人が寮長になって（笑）。

椎名　「獣神」だからね。サル山の神だよ（笑）。

「〝矢ガモ事件〟の犯人は絶対に橋本真也でしょ。あんなボウガンを持っているヤツなんか限られてるんだから」（玉袋）

AKIRA　それでも、いま考えると同期とはいえ橋本選手よりちょっと上だったことで救われているんですよ。これがちょっとあとにでも入ろうものなら……（笑）。

玉袋　大変ですよ。部屋じゅうセミだらけにされたりして（笑）。よかったなあ、橋本真也より早く入って。

椎名　ＹｏｕＴｕｂｅで蝶野さんが、船木さんの橋本さんに対する悪口がひどかったという話をよくしていて、凄い笑っちゃったんですけど。亡くなってもここまで言われるのも、ある意味で人格者というか（笑）。

玉袋　逆にな（笑）。

椎名　破壊王のことならなんでも言っていいっていう共通認識になっていますもんね（笑）。

AKIRA　なんとも言えないですねえ。

玉袋　野上さんの「なんとも言えないですねえ」って発言が、またいいよ（笑）。

AKIRA　だって〝矢ガモ事件〟とか「絶対にアイツが犯人だよな」って思っていますから。

玉袋　絶対にそうでしょ。あんなボウガンを持っているヤツなんか限られてるんだから。

AKIRA　しかも、あんな遊び方をする人間が同時期に橋本選手以外にいるとは思えない（笑）。

ガンツ　世の中にひとりしかいないと（笑）。

AKIRA　当時、合宿所の居間でワイドショーを観ていて、みんなに「あれやったのおまえだろ？」って言われて、本人は「お、俺じゃねえよ！」って声を震わせていましたから（笑）。

椎名　ウソ発見機にかけたら一発ですね（笑）。

玉袋　針が振り切れるよ（笑）。新日に入門して、猪木さんと初めてお会いしたタイミングって憶えてます？

AKIRA　巡業に出られるまではハードルがあるんで、まず後楽園ホール大会のとき、「今度入りました!」って挨拶に行くわけですよね。そのときは「ああ、テレビで観た人だな」みたいな感じでした。それ以上は何もなくて。

玉袋 「おう、がんばれよ!」とかは?

AKIRA いや、そんなことは言わないですよ。それで終わりでしたね。

玉袋 まあ、最初は〝透明人間〟だからな。頭角を現してはじめて名前を覚えてもらうと。

AKIRA だからしばらくはファンのままでしたね。関東近郊の大会にセコンドとして行ったとき、アイスボックスに飲み物が入っているんですけど。当時はシャワー室がない体育館も多かったから、メイン終了後、後藤さんが濡れたタオルで猪木さんの背中を拭いて、そのタオルをアイスボックスの氷水で洗ったりしていたんですけど、飲み物がなくなったあと、ボクはその氷水を飲んだんですよ。そうしたら「おまえ、それタオルとか洗ってる水だから汚えぞ」って言われたんですけど、「いや、猪木さんのだからいいんです!」とか言って(笑)。

玉袋 麻原彰晃が入った風呂の水じゃねえんだから(笑)。

AKIRA それを見て、猪木さんが遠くから「アハハハ!」って笑っていたり。そんな思い出がありますね。

ガンツ そのくらい神様なんですね(笑)。

AKIRA あと旅館でみんなでメシを食ってるとき、猪木さんがイタズラでうしろからお膳にハナクソを落としてきたんですよ。

椎名 そんなアントンジョークがあるんですか?(笑)。

AKIRA それで山田さんとかに「おまえ、ハナクソ入れられてるぞ!」って言われて「猪木さんのだからいいんです!」って言ったら、猪木さんが「アハハハ!」って。そんなんでしたね(笑)。

玉袋 野上選手の若い頃は、まだ旅館に泊まっていた時代なんですね。新人時代に旅館に泊まってみんなでメシ食ったり寝たりするのって、いま思うとかけがえのない時間だったんじゃないかと思うんですけど。

AKIRA ボクらからすると大変でしたけどね、もう逃げ場がないんで。先輩からさまざまな雑用を言いつけられて。旅館泊まりだと若手は中堅選手と一緒の部屋だったりするんですよ。ボクは(ドン)荒川さんと一緒のことが多かったんですけど、あるいはミスター高橋さんと一緒だったりとか。

玉袋 また微妙なふたりが出てきたぞ、おい!(笑)。

AKIRA 高橋さんはいびきがうるさくて、誰も同室になってくれなくて下っ端のボクが同室になって。それで耳栓をして寝たんですけど、それでもうるさいくらいで。しかも、うるさいだけじゃなくて途中で止まるんですよ。「グワッグワッグワッ……わあ！」みたいな（笑）。

「若手の頃、ボクらは先輩に対しては『はい』しか言えないのに、武藤さんは坂口さんとよく世間話をしていたんですよ」（AKIRA）

ガンツ　睡眠時無呼吸症候群ですね（笑）。

玉袋　ピーターパワーはチューブトレーニングじゃなくて、いびき防止グッズを開発しておけって話だよな（笑）。野上さんは付き人はされたんですか？

AKIRA　デビューするちょっと前に坂口（征二）さんに付かせてもらいました。最初は橋本選手が坂口さんの付き人だったんだけど、「使えないからおまえが代われ」って言われて。

ガンツ　有名な話ですよね（笑）。

AKIRA　それで1年半くらいやって、飯塚選手や松田（納）くんが入ってきたからそれで入れ替わって、自分は藤波さんの担当になったんですよ。

玉袋　坂口さんとか藤波さんとか、一流の人に付くのは気の使い方とか大変だけど勉強になりますよね。武藤さんはいちばんラクそうだから、木村健悟さんの付き人に立候補したらしいですけど（笑）。

AKIRA　武藤さんはそんな気をつかう人でもないんだろうけど、上からかわいがられる人でしたね。

椎名　大人の付き合いがちゃんとできるみたいな。

AKIRA　そうですね。入って間もない新弟子の頃から、武藤さんは坂口さんの隣に座ってましたから（笑）。

玉袋　出世が早えよ（笑）。

ガンツ　それで夜は麻雀仲間で（笑）。

玉袋　坂口一派はやっぱ麻雀が大事なんだな。

AKIRA　ボクらは先輩に対しては「はい」しか言えないのに、武藤さんは坂口さんとよく世間話をしていたんですよ。しかも坂口さんに対して「そういうのは〝若ハゲの生い立ち〟って言うんですよね」とか言ってて。坂口さんが一瞬「ん？」ってなったあと、「おまえ、それは〝若気の至り〟だろ」とか言って。武藤さんが「あっ、そうか。〝若ハゲの生い立ち〟じゃないな」って。

玉袋　なんで坂口さんと小学生みたいな会話してるんだよ（笑）。

椎名　やっぱり武藤さんは若手の頃から大物だったんですね（笑）。

AKIRA　別格でしたよ。試合でもすぐに上で使われるようになって、海外にもいちばん先に出ましたから。

ガンツ　ＡＫＩＲＡ選手はデビューから2年ぐらいして、船木さんと組んでＵＷＦの中野龍雄、安生洋二とのタッグマッ

チが「前座の名物カード」として注目されましたよね。

AKIRA　ああ、そうですね。いま考えたらとてもおいしい話でしたね。

ガンツ　プロレス雑誌でも、前座の試合とは思えないくらい大きく載ったりしていましたもんね。

AKIRA　ただ、当時はそこまでおいしいとは思えなくて、とにかく与えられたものを一生懸命にやるしかなかったですね。

椎名　UWFとの試合はやってみてどうでしたか?

AKIRA　ただ必死でしたね。いま自分がやっているプロレスのように、緩急やメリハリをつけて、全体を計算してやるプロレスとは違って、体力が続く限りアクセル全開でやるようなプロレスでした。試合内容も相手に隙があったら攻守交代してもいいやって感じだったので、いまのプロレスとは違いますよね。そして、それをやるためにはとにかく体力を作っておかなきゃっていうのがあって。

ガンツ　ずっと休まずに動き続けるわけですもんね。

AKIRA　そうなんですよ。だからスタミナをつけるために等々力不動尊の階段を20往復とかして。「クッソー！　負けるか！」みたいな思いでやっていましたね。

玉袋　基礎体力だけは絶対に負けないと。

AKIRA　試合中も「安生、中野に負けるか！」って気持ちだけですよ。観客の声を聞く余裕なんてまったくなくて。ただ、試合展開はたいがい自分が捕まったりするパターンになるわけですよね。みんなわがままでけっこういきたがる人ばかりだったんで（笑）。

玉袋　「俺が、俺が」の人たちだらけか。

AKIRA　ちゃんと受けに回るのは、まあ安生選手か俺かな、くらいの感じで。

ガンツ　船木さんも中野さんものちの姿を考えると（笑）。

椎名　頑固だし、折れる感じがしないもんね（笑）。

AKIRA　でも新日のリングだと「攻めてなんぼ」の評価だったので、やられながらも必死で闘っていましたね。自分の評価がどうとかっていうよりも、ほかの選手に見劣りしないようにがんばろうっていう。ただただそれだけでしたね。当時の試合をいまYouTubeとかで観ると、自分に対して「おまえ、よくやってたなあ」って言いたくなって、もう本当に泣きそうになりますよ（笑）。

玉袋　そりゃ泣くよ。抱きしめてやりてえよ（笑）。

「90年代になったら日本のルチャの動きが主流になってきて、いまの新日本なんかベースがほぼルチャですもんね」（ガンツ）

ガンツ　いまのプロレスとはまったく違うジャンルに思えますもんね。

玉袋　俺たちの世代はああいうプロレスを観ちゃってるからさ。いまのプロレスも否定はしたくないんだけど、どうしても「あの頃のプロレスはよかったな」ってなっちゃうんですよ。

AKIRA　何がいいプロレスなのかっていうのは、カミングアウト論でまた変わってきましたよね。昔はよりリアリティある闘いがよしとされましたけど、いまはいいお話、いいアクション映画を観せるために一生懸命やってくれっていう目線にお客さんもなっていますもんね。

ガンツ　完成度の高い、安心、安全なものがよしとされるという。

AKIRA　昔の新日本プロレスはそういう価値観とは逆でしたから。

椎名　トップの猪木さんが「一寸先はハプニング」を好む人ですしね（笑）。

ガンツ　では、AKIRA選手が本当の意味でプロレスに開眼したのは海外に行ってからですか？

AKIRA　やっぱり海外ですね。

玉袋　海外はヨーロッパに行かれたんですよね？

AKIRA　そうですね。オットー・ワンツのCWAに毎年、新日本から選手が送られていたのでボクもそこに行って。ただボクの場合、最初は「メキシコに行かないか？」って言われたんですよ。でも当時のプロレス界はUWFが席巻していて、「ここでメキシコはねえだろ」っていう感覚だったんです。あとはメキシコで苦労してた越中（詩郎）さんが、巡業のバスの中で「メキシコはこんなにひどかった」っていう笑い話をいつもしていたんですよ（笑）。

玉袋　あの人、その頃から言ってたのか（笑）。

AKIRA　それで「メキシコなんかに行ったらどうなるんだ？」って思ってしまって。みんなメキシコに行った人は体重が70キロ台まで落ちてるし、向こうに行ったが最後、身体づくりからすべてやり直さなきゃいけないとなったら、やってられなくなっちゃいますよね。それで坂口さんに「メキシコに行く話が出てるんですけど……すみません！」って言ったら、「そうか」となって話がなくなったんですけどね。でも、いま思うと行っておけばよかったなって思うんですけど。

ガンツ　90年代になったら日本のプロレスはルチャの動きが主流になってきて、いまの新日本なんかベースがほぼルチャですもんね。

AKIRA　ルチャの動きができていないと始まらない感じですよね。

ガンツ　でもAKIRA選手の若い頃は「ルチャなんて……」っていう時代で。

AKIRA　新日本ではもってのほかでしたね。「そんな約束みたいな動き、する？」みたいな（笑）。ボクはリッキー・スティムボートのアームドラッグをやりたくて、道場で佐野（巧真）さんに「教えてください」って言ったことがあるんですよ。それで「ちょっとやってみ」って言われたんでやったら、絶対に受け身を取ってくれなくて。「そんなんじゃ投げられねえよ」って言われて「ああ……」となって（笑）。

椎名　協力して投げられてくれないわけですね（笑）。

AKIRA　やっぱり理にかなったものではないとダメというか。「まかり間違えば本当に投げられるぞ」っていうものじゃないとっていうことだったんで。

椎名　実際のリッキー・スティムボートのアームドラッグなんて、「空気投げか？」っていうくらいなのに（笑）。

ガンツ　だから当時の新日本では、いわゆる「プロレス」を教えてもらうことってほとんどなかったんですよね？

AKIRA　ああ、そうですね。誰かから教えてもらうっていうのがほとんどなくて、見よう見まねで何を採り入れるかっていう。いまだったらカリキュラム的に、ロックアップからヘッドロックに移行して投げてっていう流れをひと通り教わるんでしょうけど、そんなのまったくありませんでしたからね。だからまわりの先輩にけなされて、悔し涙を流しながら見よう見まねで覚えていったんですよ。「なんだおまえ、そのストンピングは！」って木村健悟さんに言われたりとか（笑）。

ガンツ　習ったこともないのに（笑）。

AKIRA　自分でも泣きそうになってて。それで猪木さんから慰められたりしていたんで（笑）。

玉袋　健悟さんにボロクソ言われて、猪木さんに慰められるっていうのも凄いな。

AKIRA　木村さんに「おまえ、ストンピングが下手だな」「あんなんだったら俺の息子のほうがうまい」って言われたりとか。「あんなのドカドカ、モロに入れりゃうまくいくだろ」って言われて、もう本当にカチンと来てね（笑）。そうしたら猪木さんが横で「そんなにうまくいかないんだったら（ストンピングを）使わなきゃいいんだぞ。それだけの話だ」って言われて。そう言われても、やっぱりストンピングはプロレスの基礎的な技でもあるので、タイガー・ジェット・シンのストンピングを観て勉強したりして。

ガンツ　たしかに迫力がありますもんね。

AKIRA　だから昔は情けない思いをして、便所でひとり「クソー！」って悔し涙を流して覚えていく感じでしたね。

「ヨーロッパに行っても最初のうちは新日の延長のようなプロレスをやっていたら、対戦相手も嫌がっていて（笑）」（AKIRA）

玉袋　あれだけの人材を輩出した昭和の新日本にはカリキュラムがねえっていうのが凄いよ。いまみたいなカリキュラム

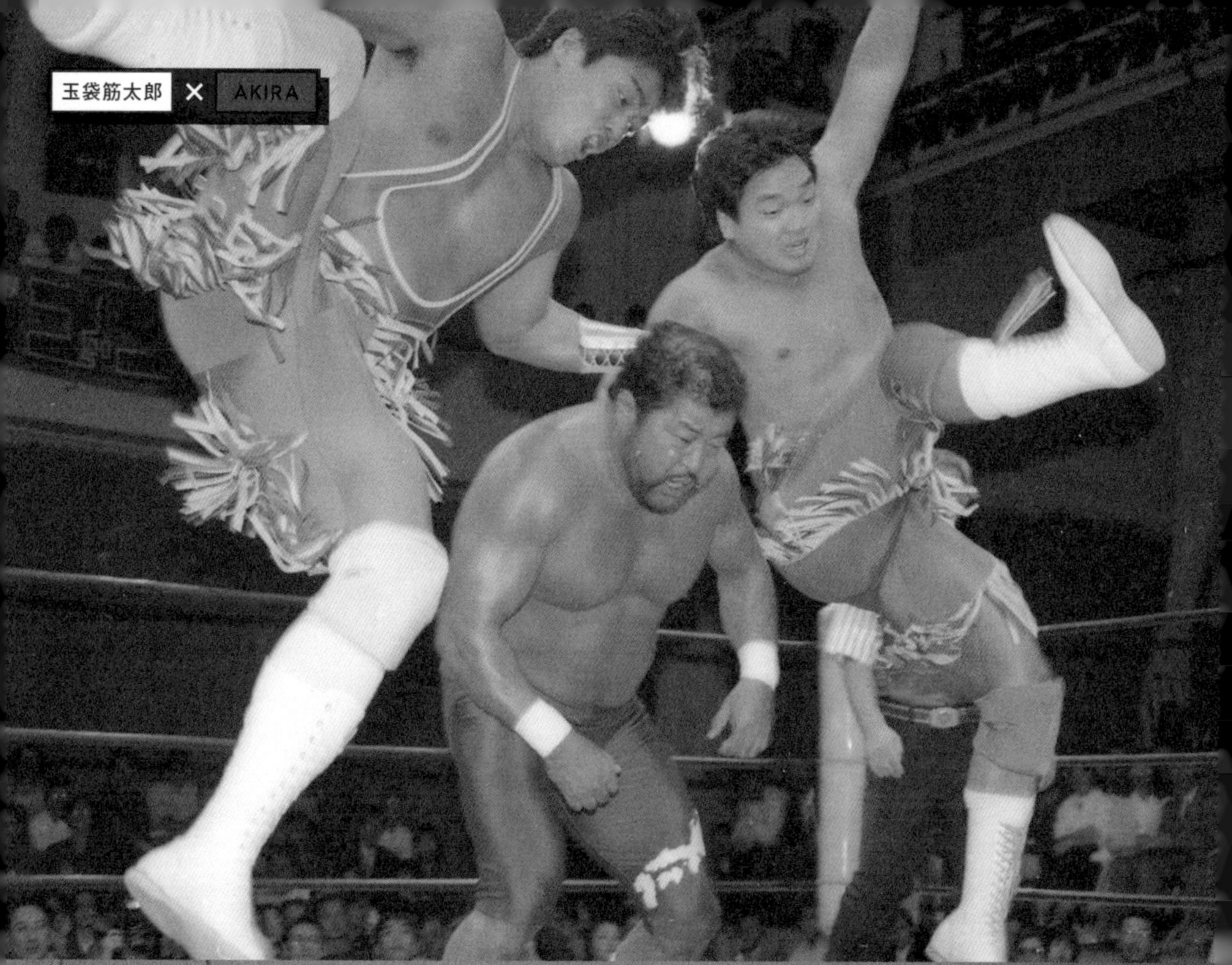

精神
一、根性、忍耐、闘魂
一、礼儀を正しく
一、精神一到何事か成
一、時間の厳守は実
一、今日為し得る事を明日
に延ばす勿れ
新日本プロレスリング株式会社

があれば、もっとすぐに上達したんだろうけど。
AKIRA　いまはちゃんとありますね。そりゃあ、いまのコは半年もあればうまくできるよなって話で。
ガンツ　のちにAKIRA選手が所属したTAJIRIさんの団体SMASHとか、WNCなんかは、若手に対して手取り足取り教える感じだったんじゃないですか？
AKIRA　そうですね。TAJIRI選手や、海外での経験があるKUSHIDAくんとかが教えて。彼らはノウハウを知っているわけですよ、どういう組み立てで教えるのかっていうのが。でもボクらの時代の新日本は受け身ひとつにしても「おまえ、下手だな」とだけ言われて、ひたすらやってるっていう（笑）。
玉袋　そんなの伸びねえよ（笑）。
ガンツ　そういう状態で海外修行に出たら、カルチャーショックというか、最初はなかなかうまくいかなかったんじゃないですか？
AKIRA　海外はヨーロッパに行ったんですけど、最初のうちは新日の延長のようなプロレスをやっていたんですよ。なので対戦相手も嫌がっていて（笑）。
玉袋　「ニュージャパンから来たヤツはめんどくせえ」って思われちゃうんだ？
AKIRA　明日俺と試合だって言われていると、顔色がスッと変わって（笑）。
ガンツ　「カテェヤツが来るぞ」と（笑）。
AKIRA　そういうことなんだよね（笑）。
玉袋　野上さんはそんなつもりじゃないのに。
AKIRA　そうじゃない気持ちだったんですけど、新日流ってやっぱりカタいんですよ。それを続けていたら逆に試合の最後に一発凄いの入れられたりして、そうやられることで「やっぱ俺って悪いことをしてたんだな」って気づいていくという（笑）。
椎名　自分がキツいのを入れてたからこそ、やり返されたわけですね。
AKIRA　もうみんなにやられましたから。そんなボクの目を覚ませてくれたのがフィット・フィンレーですね。
ガンツ　のちにWWEでエージェント、コーチにもなった実力者ですよね。
AKIRA　ハノーヴァーでフィンレーと試合をやったときに本当にうまいわけですよ。客をドッカンドッカン沸かせて、こっちが反撃するとのたうち回ってくれるし、それをまた切り替えして悪いことをバンバンってやってきて、その緩急が凄くて。「これは凄いな！」と思って、そこで「海外のプロレスってこういうことか」って気づかされていったんです。その後、イギリスに行ったときもフィンレーと当たらせてもらうことがけっこうあって。

玉袋　それはフィンレー側としても、「AKIRAは使える」って感じになっていたんでしょうね。

AKIRA　いや、そこまで認めてもらえてはいなかったですね。

玉袋　えーっ!?　厳しいなあ。

AKIRA　「俺がうまいんだ。コイツをリードしてやるぜ」みたいな感じだったと思います。実際にそうだったんですよ。主導権はすべてフィンレーが握っていて。

ガンツ　猪木さんが、プロレス素人でカタいウィレム・ルスカとやっても素晴らしいプロレスにしちゃうような感じですかね。

AKIRA　そういう感じだったと思いますね。

玉袋　じゃあもう、相手の手のひらの上で?

AKIRA　結局そうでしたね。自分では一生懸命にやっているつもりでも、いま思うと自分は「ただのあんちゃん」だったんだなって。

玉袋　でも、そこにちゃんと気づくのも凄いですよ。

AKIRA　いまになって気づくんですけどね（笑）。そうやってフィンレーがきっかけで自分なりにプロレスがわかってきて、その後、試合をしていていちばん勉強になったというか、「このプロレスを俺もやりてえな」と思わせてもらったのが、ディック・マードックさんなんですよね。

「前田さんなんかの世代まではゴッチイズムの影響が強いけど、野上さんたちの世代はマードックイズムだったという。これは新説だな」（玉袋）

椎名　どこで出会ったときですか?

AKIRA　プエルトリコですね。

ガンツ　ヨーロッパだけじゃなくて、プエルトリコも行ってたんですか?

AKIRA　そうです。ヨーロッパをまわって、そのあとカナダのジョー大剛さんのところに行ってから、プエルトリコに行ったんですね。で、プエルトリコでの2戦目でディック・マードックさんとシングルが組まれたんですよ。野球場での試合だったんですけど、試合が始まる30分くらい前にスコールが降ってきて、マードックさんたちの会場入りが少し遅れたんですね。それでギリギリに来て「今日は俺に全部まかせろ」ってウインクして去って行ったんですよ。

ガンツ　おー、カッコいいですね（笑）。

AKIRA　じつはマードックさんは日本に来ていた頃、ボクの試合をけっこう観ていてくれたんですよ。

玉袋　そうなんですか!

AKIRA　あの人は会場の隅で控室のドアを半分開けて、

よく若手の試合を観ていたんです。観るだけじゃなくて「おまえ、それじゃダメだ！」とか英語でヤジも飛ばすみたいな（笑）。いま思うとそのヤジって、馬場さん的な世界基準のプロレスのアドバイスなんですよ。「そこはもっと相手に攻めさせろ」とか。新日だとあまりそういうのがないから。

ガンツ　なるほど。試合の中でちゃんと〝物語〟を作るっていうやり方ですね。

玉袋　すげーなー。

AKIRA　リングを降りてからも凄くよくしてくれたんですよ。マードックさんは日本にタニマチがいて、「若いのも連れて来ていいぞ」って言われたらしくて、ボクと山田さんがマードックさんと一緒に銀座のクラブに行ってお世話になったこともあって。そこにピアノを弾いている綺麗なお姉さんがいたんですけど、マードックさんがツカツカって寄って行って、耳元で「アイツ、童貞だからヤッてあげてくれ」って言ったりとか（笑）。

椎名　マードックは銀座でそんなに顔が利くんですか？（笑）。

AKIRA　それでお姉さんが曲を弾き終えて暇なときにボクらの席に来てくれて、「もったいないのでまた今度にさせてください」って丁寧に断られたりとかして。凄く綺麗なお姉さんでしたね。

玉袋　しかし、凄いなあ。マードックってパンチとエルボーの荒っぽいレスリングじゃないですか。そこがカッコよかったんだけど、その一方で凄くプロレスを考えている繊細な部分もあっての、あのファイトスタイルっていう感じだったんですかね？

AKIRA　そうなんですよ。だから若手が下手なことをやったらバチンとやられたり。後藤さんなんかは「今日もマードックにやられたよ」「モロに入った」とか、よく言ってましたよ。

玉袋　ナマで入れてきたと（笑）。

ガンツ　それが「先生のゲンコツ」なんでしょうね。身体でわからせるという。

玉袋　これは新しい説だな。同じ新日本でも前田（日明）さんなんかの世代まではゴッチイズムの影響が強いけど、野上さんたちの世代はマードックイズムだったというね。

AKIRA　若手に対して何かと気にかけてくれたんですよ。巡業中、雑用がたくさんある中で39度の熱が出ちゃって、さすがに試合までやる自信がなくて断っちゃったとき、ボクが気落ちしていたらマードックさんが肩をポンと叩いて、「レスラーはいつでも胸を張ってなきゃダメなんだぞ」って言ってくれるわけですよ。

椎名　教育係をちゃんとしていたわけですね。

AKIRA　だからボクはあの人のことが大好きでしたね。だけど90年代になると、新日本でも派手な技を重ねるプロレスが流行りになってきて、そうなるとマードックさんの試合自体もウケなくなってきて、呼ばれなくなっちゃったんですよ。あとは試合中に外野から変な茶々を入れるってことで評判も悪くなっちゃったんですよね。そんな頃にボクがちょうど海外に行っていて、それでまたマードックさんと巡り会ったんですよね。

ガンツ プエルトリコの球場で再会して、試合前に「今日は俺に全部まかせろ」と言われて。

AKIRA それでいざ試合が始まると、広い野球場のあっちこっちに引きずりまわされて、「ここでやろうぜ！ カモーン！ カモーン！」ってガンガンやり合って。「ドロップキック来い！ 来てみろ！」って言うからババーンとやったら、「もっと来い！ 次は延髄斬り来い！」とかってマードックさんの指示通りにやったら、スタジアムがドッカンドッカン沸いて凄いんですよ。それで最終的には垂直落下式ブレーンバスターでドーンとやられるんですけど、それまでは体力の限りを尽くしてもうヘトヘトになって、最後のブレーンバスターをやられたときは本当に「もう動けません……」みたいな感じで。それで控室に戻ってから「ありがとうございました！」ってお礼を言ったら、「おまえ、この土地でずっとやっていけるぞ」って言われて。すげえカッコいい親父ですよね。『ONE PIECE』の世界みたいで。

「カート・ヘニングみたいな本当にうまいレスラーが来ても新日本では評価されない。ただ受け身がうまいレスラーみたいな」（AKIRA）

玉袋 いま聞いてるだけで鳥肌が立ったよ。俺らの幻想の中でのマードックは、そういうカッコいいオジサンなんだけど、ディテールを野上さんから聞くと、あらためて「すげえ！」ってなるな。

ガンツ やっぱりマードックは凄いんですね。藤波さんも「いままでやったレスラーでマードックがいちばんうまかった。彼はプロレスのすべてを知ってる」って言っていたんですよ。

AKIRA 藤波さんがそう言うんだから相当ですよ。

椎名 認め合っていたんだね。お尻を出し合っているだけじゃなくて（笑）。

玉袋 マードックが前田日明に「おまえ、あんまり蹴ってくるとブン殴るぞ」って言ったって話もあるよね。

椎名 マードックはUWFともやってるよね。新日チームとして。

ガンツ やってますね。

AKIRA あれもカッコよかったですね。

椎名 マードックは「俺がやってやるぞ！」って感じだったのかな？

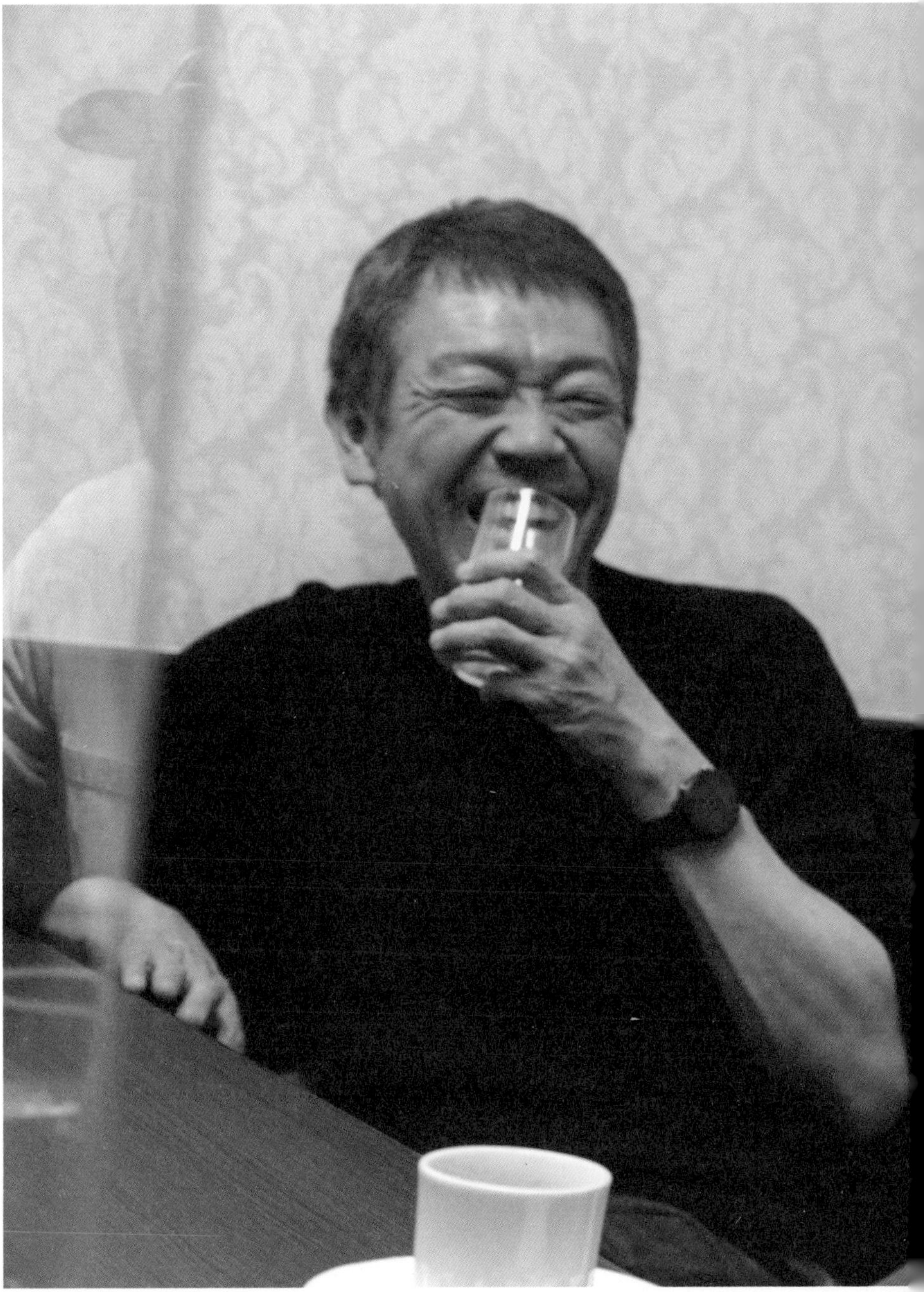

ガンツ　それもあるだろうし、猪木さんが用心棒として引き入れた感じもありましたよね（笑）。

玉袋　イリミネーションマッチのときの上田馬之助と一緒だな（笑）。

椎名　ＵＷＦも「マードックを入れるなんてズルい！」って感じだったでしょうね（笑）。

ガンツ　あのブルーザー・ブロディですら、マードック相手には傍若無人な試合はしていませんでしたからね。

ＡＫＩＲＡ　やっぱり大親分ですよ。だからボクもそういう親父になりたいっていう思いで、いまもプロレスをやっていますね。

ガンツ　ＡＫＩＲＡ選手は、海外でフィンレーやマードックとやることで「これがプロレスだ」って開眼したわけですけど、新日本に凱旋帰国したら、また海外とは全然違うプロレスなわけですよね？

ＡＫＩＲＡ　もうビックリしましたよ。カタいのをガンガン入れ合うプロレスをやっていて。「いまこっちなの？　あっ、そうなんだ……」みたいなね。

ガンツ　逆カルチャーショックが凄かったんですね。

ＡＫＩＲＡ　たとえば若手だった永田裕志選手と当たったとき、こっちもそういうやりあうプロレスを心がけようと思ったけど、相手はもうお構いなしに一方的にガンガン来るわけですよ。

ガンツ　新日の流儀で「先輩を食ってやろう」みたいな感じで。

ＡＫＩＲＡ　それもそうだし、裏で馳浩選手から焚きつけられているわけだから、これはやりにくいなと（笑）。

玉袋　嫌だね～、あの石川県知事は（笑）。

椎名　またタイガー・ジェット・シンに沼に突き落とされてほしいですね（笑）。

玉袋　でも、せっかく海外に行って目覚めたのに「まだ〝ガラパゴス〟やってんのか」って思いになるよな。

ＡＫＩＲＡ　なんかね、日本でやらなきゃいけないことと、海外でやっていたことは区別しなきゃいけないいんだなっていうのがありましたね。だからカート・ヘニングみたいな本当にうまいレスラーが来ても新日本では評価されないというか、「ただ受け身がうまいレスラー」って言われちゃって。

ガンツ　ＷＣＷから一流レスラーが来てもその他大勢みたいな扱いで、スコット・ノートンとかパワー一辺倒の選手が評価されていましたもんね（笑）。

ＡＫＩＲＡ　そんな感じなので「日本はちょっと違うんだな」っていうか、「俺もそれに合わせられるようにがんばらなきゃいけないな」って当時は思っていましたね。自分も新日でずっとやることしか考えていなかったから、そうなっちゃったのかもしれないですけど。

ガンツ　「ここでなんとか生きていく方法を」っていう頭だったんですね。

AKIRA　いまだったら「新日を辞めて海外でずっとやっていてもいいんだぜ」って気持ちになりそうなものだけど、当時の自分にはそういう発想がありませんでしたね。

ガンツ　当時、メインを張っていた武藤さんも「『早くアメリカに戻りたい』って思いながらずっとやってた」って言ってました。

「長州さんは現場監督として、仕掛けが失敗したときに自分の責任になるのを嫌っていた節があるんですよ」（AKIRA）

玉袋　海外のプロレスで目覚めた人はみんなそうなんだろうな。蝶野さんなんかも、佐々木健介とか橋本真也のプロレスは「あれ、プロレスじゃねえ」とか言ってたもんな。

AKIRA　だから「いつかWWE的なプロレスをやりたい」っていう考えを蝶野さんなんか絶対に持っていたんですよね。でも現状の新日本プロレスと自分の本当にやりたいことをすり合わせるしかなかったんでしょう。

ガンツ　だからAKIRA選手が飯塚さんとJJジャックスとしてタッグを組んでも、ふたりのプロレス観は全然違ったんじゃないですか？

AKIRA　若手の頃、自分と飯塚選手が試合をすると、まあいい試合になっていたんですよ。だから会社としてもうまくやってくれるんじゃないかと思ったんでしょうね。ただ、飯塚選手の考えがUWF寄りだったっていうのもあるし。

ガンツ　ソ連にサンボ留学とかも行ってましたもんね。

AKIRA　若手の頃から鈴木みのるくんと仲がよかったりするし。ボクが話が合ったのは松田（納）くんだけど。

玉袋　若手時代の鈴木みのるとエル・サムライじゃ、そりゃ合わないよ（笑）。

AKIRA　だから上井さんが求めるタッグチームをやろうとしても、ちょっと違っていましたね。そういったプロレス観でやろうとしても飯塚選手にはその発想がなかったんじゃないかな。

玉袋　でも最終的には頭をツルツルに剃って「極悪坊主」になっちゃうわけだけどな。

AKIRA　だから彼とそんなに仲が悪いかっていえば、そういうわけでもないんですよ。JJジャックスも喧嘩別れで解散になったわけじゃないし。

玉袋　歳は？

AKIRA　向こうが1学年下で、新日でも1年後輩です。だからタッグがうまくいかなくなったとき、「喧嘩別れするならそれでいいんじゃないの」っていうふうにフロント陣は思っていたと思うんですよね。

ガンツ　それは勝手に仲間割れをやってくれってことなんですか？

AKIRA　昔の新日って、じつはストーリーを上からの指示でやらせたりすることって少ないんですよ。だから仲間割れを自然発生させようとしていたのかもしれない。まわりが炊きつけてね。でも、そうは言われてもボクらはやらないんだけど。「またコイツ、連携をミスしやがった。もう嫌だ……」みたいになるだけで（笑）。

ガンツ　そういう細かいストレスが溜まっていくだけで、ビジネスに結びつくような仲間割れには発展しないと（笑）。

玉袋　嫌な確執だな（笑）。

AKIRA　タイガー服部さんにしろ、馳選手にしろ、健介にしろ、「どっちがリーダーなんだ？」とかおちょくってくるわけですよ。あそこでボクと飯塚選手がリング上で殴り合いの喧嘩でも始めれば、次の大会場で一騎打ちとかになっていたんでしょうけど、やらないから自然発生的に解散でしたね（笑）。

玉袋　「噛ませ犬事件」が起きずに終わっちゃったんだ（笑）。

ガンツ　だからAKIRA選手が初めてストーリー的なことをやったのって、平成維震軍に入るときなんですよね？

AKIRA　あれは会社から命じられたわけじゃなくて、勝手にやっちゃった感じなんです。まあ、小林（邦昭）さんが鳴かず飛ばずだったボクを見るにみかねてだと思うんですけど、「コイツだったらうまく攻防するんじゃないか」っていう感じで、ボクに対して仕掛けてくれて。

ガンツ　小林さんは初代タイガーマスクへの反逆でブレイクした人だし、誠心会館との抗争も自分で仕掛けてブレイクさせたので、今度は自分の仕掛けで野上さんとの抗争を盛り上げようと。

AKIRA　いちおうそのときも長州さんからは釘を差されていたんですよ。長州さんが小林さんに「おまえ、そんなんで下手こいたら知らんからな」って言っていたんですよね。

ガンツ　勝手にやるからには成功させろと（笑）。

AKIRA　長州さんは現場監督として、仕掛けが失敗したときに自分の責任になるのを嫌っていた節があるんですよ。だから「勝手にしろ」「下手こいたら知らんぞ」って投げっぱなしなんですよ。やっぱり海賊男とかで大失敗したのを直に経験している人だから、それが怖かったんじゃないですか。

「和泉元彌のデビューがハッスルのピークだよね。俺の知ってる放送作家のヤツなんかも『やりたいなあ』って言っていたもん」（椎名）

玉袋　暴動のトラウマがあったんだな（笑）。

AKIRA　だから失敗できない状況で、ボクと小林さんが勝手に抗争を始めたんですけど、これがすげえ楽しくて。

椎名　そりゃ楽しいですよね。自分たちで抗争を盛り上げるんですもんね。

AKIRA　それで後楽園でシングルをやったり、札幌で敗者髪切りマッチの決着戦までやらせてもらって、小林さんには感謝ですね。それで最後はボクが勝ったけれど、小林さんの男気に触れて平成維震軍入りを決意するストーリーなんですけど、それはボクの本心でもありましたよ。

玉袋　いいストーリーだな〜。そういうリアルな感情が見えるのがいいね。

椎名　小林さんは日本人抗争のマスターですね。

ガンツ　海外での経験や、平成維震軍入りするときのストーリーを展開することの経験は、その後、蝶野さんのＴＥＡＭ２０００入りしたときに活きたんじゃないですか？

AKIRA　そうですね。自分もラクな位置で参戦していて「新日に縛られなくてもいいや」と思っていたんで、そこで勝手にやっちゃってたっていうのが本音ですね。

玉袋　野上さんってエゴを出さねえからさ。いまの一言で「あっ、野上彰がエゴを出したよ」って思ったよ。

AKIRA　あの頃はこれで受け入れられなかったり、ケチつけられたら、「いいよ。辞めるから」っていう感じでやっていました。ＴＥＡＭ２０００はやれてよかったですよ。こういう作り込むプロレスがようやく受け入れられるような時代になってきたっていうのもあったし。

ガンツ　ＡＫＩＲＡ選手は、のちにハッスルにも出ていたじゃないですか。和泉元彌のデビューについても手伝ったんですよね？

AKIRA　そうですね。あそこでまた安生選手と顔を合わせることになって（笑）。

ガンツ　かつて新日本vsＵＷＦでバチバチにやっていたふたりが、まさかハッスルで狂言師をレスラーに作り上げる仕事をするという（笑）。

AKIRA　あれもおもしろかったですね。最初はどういう試合にしようかっていうので試行錯誤だったんですけど。身体能力がとても高い方だったので、やらせたらいろいろとできたと思うんですけど、まず失敗しないことのほうが大事だっていうことで、技を取捨選択したりとかして。そうしてできたのがあの試合だったんですけど、和泉さんはさすがでしたね。

ガンツ　あれもある意味でプロレス史に残る試合でしたよね。

椎名　あれがハッスルのピークだよね（笑）。だって凄く世の中に届いてたもん。俺の知ってる放送作家のヤツなんかも、「やりたいなあ」って言っていたもんね。

玉袋　伝統芸能っていうのはエンターテインメントで圧倒的

な歴史を持っているわけだから、当然と言えば当然なんだろうな。

ガンツ フィニッシュの空中元彌チョップも誰もが納得できるピンフォールでしたもんね（笑）。

AKIRA あれはKENSOがうまくやりましたよね。

ガンツ KENSOさんにとってもあれがベストバウトだと思いますよ（笑）。和泉元彌デビュー戦はいろんな叡智が結集した結果だったんですね。

AKIRA ハッスルはいろんな才能が揃っていて楽しかったですよ。

ガンツ ハッスルは人材も輩出しているんですよね。KUSHIDA選手はその後WWEスーパースターになったり、朱里選手はいま女子プロレスのトップとして活躍していますし。

AKIRA やっぱり時代ですよね。ただ、KUSHIDA選手もセンスがいいし、朱里ちゃんは格闘技センスというか本当に強いからね。

ガンツ UFCファイターにもなっていますからね。

AKIRA 彼女は女・アントニオ猪木ですよ。強いし、エンターテイメントのセンスも凄いし。

玉袋 女・アントニオ猪木は北斗晶じゃなくて、ハッスルから生まれたんだな。

ガンツ そしてAKIRA選手は先日、グレート・ムタのラストマッチで対戦チームのひとりを務められたわけですよね。

AKIRA 声をかけてもらえたのがうれしかったですね。

椎名 感慨深かったですか？

AKIRA リングに上がったらいろいろこみ上げてきましたね。「ありがとう」なのか、なんの気持ちかはわからないけど。若手の頃からずっとやってきて、武藤さんがそこにいるっていうのが凄く幸せな瞬間でしたね。

玉袋 やっぱり修行時代をともに過ごした仲っていうは、特別なんだよな。

AKIRA 武藤さんとはそんなにめちゃくちゃ仲がいいシチュエーションがあったわけじゃないんですけど、自分が新日を辞めて全日本に入ったときも武藤さんが社長だったり、WRESTLE－1でも武藤さんには世話になったんで。それなりに自分のことを評価してくれていたんだなって思うとね。なんかありがたかったですね。

ガンツ ムタの最後の相手を務めたことで、いろんな辻褄が合った感じですかね。

AKIRA 何かの縁でそうなったんでしょうけどね。もっといろいろ仲良くしたかったなって、いまになって思ったり（笑）。

玉袋 合宿所の縁ってことだよな。一緒に無秩序な青春を過ごしたっていうさ。

AKIRA　そうですね。あの合宿所から始まる青春の集大成みたいでしたね。

玉袋　いやあ、いい話を聞かせてもらったよ。AKIRA選手、ありがとうございました！

自己投影観戦記
できれば強くなりたかった

第132回
プロレスリング・フリーダムズを見に行こう

椎名基樹

椎名基樹（しいな・もとき）1968年4月11日生まれ。放送作家。コラムニスト。

茅ヶ崎イオン中央店の正面玄関前のスクランブル交差点を横断していたら、私に向かって歩いてくる女に目を奪われた。どこかで見たことがある気がする。

その女は、髪を金髪に近い色で染めていて、非常に派手なスウェットの上下を着ていた。片手でスーツケースを引きずり、もう片方の手でリードを握って、小型犬を連れて歩いている。大変大柄である。「素人」ではないオーラがある。

そのまま街に出て、徘徊していたら、私は「プロレスリング・フリーダムズ」の、3月18日の茅ヶ崎体育館大会のポスターを発見した。その中に高橋奈七永の姿があった。

先程のスクランブル交差点の素人らしからぬオーラを持った女の人は、どうやら高橋奈七永だったようだ。スーツケースとペットの小型犬というのも、女子プロレスラーだと断定する、プロファイリングの材料となった。

ポスターには〝佐々木貴、茅ヶ崎在住30周年記念大会〟とある。調べてみるとプロレスリング・フリーダムズは、茅ヶ崎の東海岸（茅ヶ崎の一等地。開高健の元自宅あり）に、事務所を構えているらしい。

過去にこのコラムで書いた「ちがさきプロレス」と2つの団体が茅ヶ崎市には存在するらしい。私は期せずして、プロレス激戦区（？）に引っ越してきてしまったようだ。

あとで調べてみると、佐々木貴は東北出身で、茅ヶ崎とは縁がある人ではない。ただ彼の師匠は、茅ヶ崎出身の鶴見五郎である。まさかそれで茅ヶ崎にプロレス団体を興したわけではないだろうけど……。いずれにしても、茅ヶ崎は、なんだかプロレスが、生活の中に、じわっと染み出してくる土地である。

高橋奈七永は、すれ違った翌日も街で見かけた。社長の佐々木貴同様、彼女はこの街に住んでいるのだろうか。それともプロレスリング・フリーダムズの練習場がこの街にあるのだろうか。

茅ヶ崎大会のポスターを見ると、フリーダムズのプロレスラーの陣容は、なかなか粒ぞろいである。葛西純が所属しているではないか！　おお、これは3月18日、足を運ばなくては。

正直デスマッチは怖いけれど、茅ヶ崎体育館であるから、ちょっとソフトな内容であるかもしれない。でもワクワクするな。血まみれなのも見たいかも……。

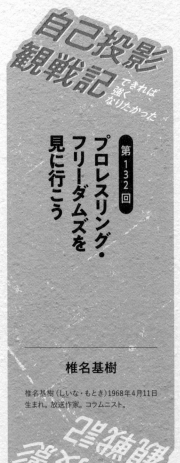

フリーダムズのポスターは、メジャー団体のものと比べても遜色ない、とても立派な出来栄えである（こんなことは当たり前で、私は失礼なことを言っているのかもしれないけれど）。ホームページのスケジュールを見ても、定期的に興行を開催していて、なかなか健闘しているようだ。すでに13年の歴史がある。

代表取締役は、佐々木貴である。彼は２０００年代初頭のデスマッチムーブメントの中で瞬く間に台頭してきた選手として、もちろん存じ上げていた。

しかし、プロレス団体を引っ張っていく、そういう才覚がある人だったのだなあと、今初めて知り、感心している次第である。ていうか、蛍光灯の束に突っ込んで、血まみれになっているんだから、社会的な知恵がある人かどうかなんて、見分けることができるわけないよな。

フリーダムズは、金村キンタローがわいせつ事件を起こしたために、アパッチプロレス軍が解散したことを受けて、立ち上げられた団体だそうだ。あったなぁ、金村キンタローのわいせつ事件。

懐かしい、なんて書いてはいけないけれど、15年ほど前の暮らしが思い出された。この頃まだ私はサムライＴＶに加入していたはずだ。同局のプロレスニュースの情報が私にとってとても重要だった。ツイッターも動画配信サイトもない時代、私はなんと牧歌的な情報（わいせつ事件のことではないです）で生活していたのだろう。過去の私は幸せだった！

葛西純を追ったドキュメンタリー映画『狂猿』で、葛西は「やりたいと思える仕事があれば、今すぐにでもプロレスをやめると思う。じゃあ、やめて一体何すればいいの？」と語った。

人間にかけられる最初の呪いは「名前」だという。なるほど、勝手につけられた名前が、自分自身のことだと、思い込まされて、私たちは生きている。私は椎名でも基樹でもない。日本でいちばん、名前が呪いであることを、体現しているのは、玉袋筋太郎師匠であろう（笑）。玉ちゃんは長年、ＮＨＫに出演するときは「知恵袋賢太郎（笑）」か「玉ちゃん」であった。

それも２０１５年に晴れて解禁！あっぱれ！このほかにも玉ちゃんには、きっと名前にまつわる苦労が多いことだろう（よくよく見ると、卑猥な意味はひとつもなく、非常に縁起がよくて、男らしい名前なんだけど）。

名前に次ぐ呪いが「仕事」であると思う。55歳になる年を迎えて、いつまで私はこの仕事で、暮らしていくことができるだろうかと、考える。（つーかこのコラムでそんな愚痴ばっか言ってるね、ごめんなさい）。

この年齢までフリーランスでこの仕事を続けさせてもらえたことはラッキーなのかもしれないけれど、この仕事しかほぼほぼしたことがないから、これ以外のことが何もできない、というか、まったく自信がない。

葛西純48歳。高橋奈七永は44歳か。ウィキペディアには、ナナのニックネームに「女子プロレス界の人間国宝」とあるぞ（笑）。確かにその通りだ。しかし、人間国宝といえども、きっと「これしかできない自分」に向き合うことがあるはずだ。

「道を極めること」とは、つまり「単にしがみつくこと」なのかもしれない。彼らと自分を図々しくも照らし合わせて、そんなふうに考えてみた。3月18日が楽しみだ。

KAMINOGE COLUMN

SELF PROJECTION WATCHING

XLARGE

プロレスがわかれば世の中が、そして世界が見えてくる。

斎藤文彦×プチ鹿島

プロレス社会学のススメ

活字と映像の隙間から考察する

司会・構成：堀江ガンツ　写真：©プロレスリング・ノア

第36回

虚実入り混じる世界に熱狂するということ

決着！　武藤敬司引退試合の相手予想外れる……!!
しかし対戦相手が内藤哲也だと発表されるまでの期間、ああでもない、こうでもないと、プロレス的思考を駆使した贅沢な時間を過ごしたからいいではないか。
今回は鹿島氏の新刊『ヤラセと情熱　水曜スペシャル「川口浩探検隊」の真実』（双葉社）を記念して、虚実入り混じる世界に熱狂するということを再確認してみたい。

「武藤さんが内藤を指名した日、アメリカでは『レッスルマニア39』で内定していたとされるロックvsレインズが飛んだことが判明した」（斎藤）

鹿島　今回は土下座からスタートしなきゃいけないですね（笑）。

——前号で我々は武藤敬司引退試合の相手にザ・ロックを予想したわけですけど、鹿島さんの最後の言葉がよりによって「これで武藤vs内藤だったらボクらは土下座しなきゃいけない」だったために（笑）。

鹿島　でも、「内藤も候補に挙がっているだろう」という話はしていましたから、半分当たってますよ！　勝手にパターンBとかパターンCって失礼なことを言ってましたけど（笑）。

斎藤　「バックアッププラン」ね。

——鹿島さんは「ドラフトのハズレ1位」とか言って（笑）。

鹿島　もう本当に土下座ですよ（笑）。

斎藤　ボクはいちおう〝言い訳〟も用意してきたんです。それはあとで話すとして、引退試合の相手が内藤哲也になったということは、2・21東京ドームがこの物語の結末ではないってことです。武藤ストーリーにはいったん終止符が打たれるわけですけど、それと同時に2023年が「内藤の1年」になっていくスタート地点になるのだろうと考えます。内藤哲也が武藤敬司に勝って、今年はIWGP世界ヘビー級王座を獲って、G1にも優勝して、とんでもない大ブレイクがスタートするという新しいサクセスストーリーです。

鹿島 武藤vs内藤によって、そういう流れが見えてくると。

斎藤 武藤さんの中では現在進行形のストーリーとして引退試合をやりたいっていう気持ちがあるでしょう。

鹿島 最後まで現役最前線の登場人物として終わろうという。

斎藤 それと同時に確実にその次につながる何かを見せようとしているわけですから、ボクたちのイマジネーションをはるかに超えるようなシングルマッチを内藤とやって、余韻を残して去っていく。そして内藤哲也もロスインゴの内藤じゃなくて、〝新横綱〟の内藤としての物語が始まる。

鹿島 でも、これはまた妄想トークなんですけど、武藤vs内藤というのは最初から本命カードだったと思いますか？

斎藤 いや、全然思っていないです（キッパリ）。やっぱり本命はロックでした！

鹿島 アハハハハ！「バックアッププラン」説は揺るがない！（笑）。

――実際、前号の『KAMINOGE』のインタビューで武藤さん自身が「ロックも考えたけど無理だった」って言っていましたしね。

斎藤 だからロック説というのは、根も葉もないウワサというわけではなかったんです。新日本の横浜アリーナで、武藤さんがリング上から「引退試合の相手は、内藤、おまえに決めた！」と言った、そのまさに同じ日にアメリカでは今年の『レッスルマニア39』で内定していたとされるロックvsローマン・レインズのメインイベントが飛んでしまったことが判明したんです。

鹿島 そうだったんですか！

斎藤 ちょうどその同じ日にロック側がWWEに通達したんです。「ロイヤルランブルには出られないし、試合を関してはレッスルマニアには身体づくりが間に合いません」と。

鹿島 ロックのレッスルマニア出場が「ノー」になったけれど、もし「イエス」だったら武藤さんの引退試合にも運動していた可能性もあったんですかね。

斎藤 そういうこともあったとボクは思います。ロックはやっぱり試合をやるからには100パーセントのコンディションを作るつもりだったということですよね。それで今回は、1年後の『レッスルマニア40』でロックが試合をする可能性があるみたいな含みを残して、この話は終わったそうです。でもロック出場がなくなったことで、2・21東京ドームでは武藤敬司vs内藤哲也、レッスルマニアではローマン・レインズvsコーディ・ローデスといういちばん近未来の物語につながるようなメインイベントが、結果オーライというか、ひょうたんから駒のような形で実現することになった。

「ここ2〜3カ月は本当にときめいた。ロック様が武藤とリング上で向かい合う姿を想像しただけで楽しめた」（鹿島）

鹿島　なるほど。でも武藤vs内藤を発表した日に、ロックのレッスルマニア参戦も消滅していたというのはおもしろいですね。

斎藤　それはまったく偶然でもなんでもないんです。

鹿島　なんか惜しくも大魚を逃した感はありますね。

——いまの段階だと、武藤敬司引退試合の相手として水面化で誰とどんな交渉があったかというのは出せないでしょうけど、「じつはあのとき」っていう話が今後きっと出てくるでしょうね。

斎藤　出てくるでしょう。

鹿島　プロレスってそこが楽しいじゃないですか。いまでも昭和プロレスについて盛り上がるのは「じつはあのときに……」っていうのを、ボクらは20年後、30年後に楽しんでいるわけですからね。だから前号を読んで「予想が外れてるじゃないか！」って怒る人はそんなにいないと思うんですよ。希望的観測ですけど（笑）。

——実際、SNSを見ると意外なほどに評判がいいんですよ。

斎藤　えっ、そうなの？

——考察自体がおもしろいってことで。

鹿島　結局、みんなワクワクしたってことですよね。しかも、ただの妄想じゃなくて、点と点がつながって「言われてみればそうだ……」ってその気になっていたじゃないですか。

——状況証拠を積み重ねて推理する松本清張的な（笑）。

鹿島　それが本当はおもしろいじゃないですか。考える、予想するっていうのが。

斎藤　夢のカードというのは、実現しなかったことで夢のままずっと生き続けるという部分もありますからね。武藤敬司vs三沢光晴のシングルマッチが実現しなかったのと同じように、「もし実現していたらどうなっていただろう？　でも実現しなかったからこそ永遠に語れる」みたいな感覚。

——メインイベンターになってからの馬場vs猪木もそうだし、ハンセンvsブロディなんかも一緒ですよね。

鹿島　でも、ここ2〜3カ月は本当にときめきましたよ。ロック様が東京ドームに登場して、武藤とリング上で向かい合う姿を想像しただけで楽しめた。これはプロレスファンの醍醐味ですよね。

——また、ノアの横浜アリーナで一気に発表された2・21東京ドームのアンダーカードが予想を遥かに上回る好カードぞろいだったことで、ドームへの期待感も一気に上がりましたよね。元・健介オフィスの兄弟弟子である宮原健斗と中嶋勝彦のタッグ対決があったり。あとはなんと言ってもオカダ・カズチカvs清宮海斗ですよ。

斎藤　1・21新日本のアリーナで、前田日明の長州顔面蹴撃事件を思い起こさせる清宮のオカダへの顔面蹴りがあってのシングル対決決定ですね。

――あれで新日本とノアのファン双方が本気でヒートしましたからね。ありきたりな乱闘ではなく、リアルに揉めているんじゃないかとファンが感じたことで、あれだけの熱が生まれた。ああいうヒートの仕方って、久しくなかったと思うんですよ。

鹿島　「これってどうなの?」っていうのは久しぶりの感覚ですよね。

斎藤　乱闘後に出したオカダのコメントがいいんです。すぐに2・21東京ドームでのオカダvs清宮のシングルが発表されたけど、「やりません。行く必要もない」というようなことを言って。それを読んだファンはまた反応するでしょ。

――オカダ選手は試合後のバックステージはノーコメントで、記者を怒鳴りつけて控室に消えて、その翌日に東スポだけ独占取材でオカダが「やりません」と発表するっていう。

鹿島　あー、何か懐かしいですね（笑）。東スポを読んでドキドキするっていう。

斎藤　だから東スポも東スポらしさを発揮したわけですね。そこはもうストーリーラインに入っているってことですよ。

――で、その結末がどうなったかは、例によってこの号が発売されるときにはすでに出ているんですけど。

斎藤　これは勝敗だけではなくて、どんなものを見せてくれるのかということですよね。どんな内容になるか想像しにくい。正真正銘のシングルマッチ初対決ですから。

『水曜スペシャル』と『ワールドプロレスリング』を熱中して観ていたけど、どちらも世間の評価が高くなくて戸惑った」（鹿島）

鹿島　カード発表から当日まで楽しいっていうのは久しぶりですよね。

――いろいろ想像できるじゃないですか。「オカダが清宮を見下していることはリアルだろう」とか。

鹿島　そこって人間vs人間だから、生身の感情を見るっていうのはボクらにとってもたまらないことですよね。

斎藤　実際にキャリアも格も天と地ほど差があるけれど、ポジションはそれぞれ新日本の主人公、ノアのエース。ハイリスク・ハイリターンの一騎打ちだから、もの凄く関心度が高い。

鹿島　オカダが言っていることは本当にあの通りだと思いますよね。オカダからすると。

――ただ、オカダ選手よりも下の世代で今後をおびやかすような存在っていうのは、新日本の中では残念ながらいまのところは見当たらないと。

斎藤　いるのかもしれないけれど、いまのところ新日本内ではそういうプロデュースはされていませんよね。

――新日本でオカダの次のエース候補っていうと、海野翔太とかあの世代までいっちゃう。ライバルになると思われていた飯伏幸太は新日本を退団して。

鹿島　オカダのひとり横綱ですよ。

――だから、広くプロレス界という視野で見て、オカダの次に来るのは清宮と、いまAEWにいる竹下幸之介。オカダとしては「芽が出る前に潰しておかなきゃいけない」っていう心理も働いているんじゃないかと妄想したり。

鹿島　いいですねえ。やっぱりそういう生身の感情を見てるっていうのがボクらの醍醐味じゃないですか。

——虚と実が入り混じった世界を半信半疑で熱狂できるところですよね。先日、鹿島さんの新刊『ヤラセと情熱 水曜スペシャル「川口浩探検隊」の真実』(双葉社)を読ませてもらいましたけど、「これはプロレスの話だな」と思っちゃいましたから。

鹿島　ありがとうございます。

斎藤　ボクもさっき鹿島さんから本をいただいたので、これからゆっくり読ませていただこうと思っています。

鹿島　実際、プロレスのこともバンバン書いているんですけど、そもそもボクは子どもの頃、水曜日の『水曜スペシャル』と金曜日の『ワールドプロレスリング』が大好きで、川口浩とアントニオ猪木がヒーローだったんですよ。

斎藤　どちらもテレビ朝日系ですね。

鹿島　そうなんです。で、ボクは熱中して観ていたんだけど、どちらも世間の評価はそんなに高くないことに戸惑いがあったんです。当時の大人は、プロレスに対しても探検隊に対しても半笑いでしたけど、ヤラセとかエンタメと言われる中にも本当のことがあるんじゃないかと思ったんですよ。川口浩探検隊は実際にジャングルに行っているわけですから、危険は伴うわけですよね。

——演出はあっても、実際にジャングルに足を踏み入れたことによって起こるリアルがきっとあるだろうと。

鹿島　まさに虚と実ですよね。さっきの昭和プロレスの答え合わせの話じゃないですけど、子どもの頃、探検隊を観ていて「あれってなんだったんだろう?」っていう答え合わせをずっとしたいと思っていて、当時隊員だったテレビマンに次々とコンタクトを取って、8年くらいかけてようやく本になったんです。

斎藤　8年!? それは凄い! 鹿島さんの執念ですね。

鹿島　でも終わってみれば8年ってあっという間でした。「大変だったでしょ?」みたいなことを言われるんですけど、ボクは取材のときは根掘り葉掘り、ただ嬉々として聞くわけだから。そして実際に話を聞くと、ウソの中には本当のことがたくさんあったんです。部族に人質に捕られて軍隊が出てきたりとか、毒蛇を命懸けで駆除してから仕込みのヘビを上から降らせるとか。

斎藤　物理的な虚といっても、そういう画を撮って帰らなきゃいけない実というのが絶対にあるわけですよね。

鹿島　そうです。おもしろかったのは、ヘビがウジャウジャいるヘビ島……という架空の島に行って双頭のヘビ「ゴーグ」を捕獲するっていう回で、山奥の寺院がそのヘビの巣窟なんですけど、そこに入る階段にキングコブラが仁王立ちしているわけですよ。それを探検隊と同行した現地のヘビ使いが1対1でにらみ合って、真正面から撮るというシーンがあるんですけど。元隊員に聞いたら「そのシーンがいちばん危険だった」って言うんです。コブラっていうのはうしろからそっといくと捕まえやすいらしいんですけど、前から撮ろうとするとコブラにとっては格好の標的だから。

――めちゃくちゃ速いわけですよね。

鹿島　しかもコブラは寺院の階段にいるわけで、自分たちよりもちょっと上にいるわけですよ。「素晴らしい画を撮ろう」とヘビ使いが提案したらしいんですけど、ヘビ使いのうしろにはカメラマンがいるわけだから、もしヘビ使いが失敗したらカメラマンが噛まれるわけですよね。でも、そのリスクを背負ってでも「真正面から対峙して撮ったほうがいい画になる」ってことで、緊迫した中そのシーンの撮影を始めるわけです。

「引退試合まで1カ月を切った中で肉離れというケガを負い、いろいろ混然となって当日を迎えていくというドキュメンタリー」（鹿島）

――いわば、そこはコブラvsヘビ使いの〝シュート〟なわけですよね。

鹿島　で、実際はヘビ使いが正面から捕まえることに成功したんですけど、そんなのはドキュメンタリー番組だったらやらなくてもいいシーンなんですよ。でもエンタメだからこそ、刺激的な画を撮りたいから危険を顧みずにそういうシーンを入れなければいけない。だから話を聞いてて何が本当かウソかわからなくなってきた感じがありましたね。水スペとプロレスを一緒にしちゃいけないですけど、プロレスだって世の中から言われている以上に本当に危険だし、身体を張っている。観ている人に素晴らしいものを見せるために命を懸けているっていうのは同じだと思いましたね。

――2年前、武藤さんが丸藤正道選手とのGHCタイトル戦で封印したはずのムーンサルトをやったじゃないですか。あれこそ本来やらなくてもいいわけですよね。しかもムーンサルトを出したことで自分のヒザもマットに強打して、そのダメージから丸藤に反撃を許して敗れてしまうという。言ってしまえば、負けるためにあえて危険を冒してムーンサルトを出しているわけですよ（笑）。

鹿島　負けるために出すって凄いなあ（笑）。

――だけど武藤さんが言うには、60歳を目前にした自分がGHCのベルトを獲ってから落とす（王座陥落する）までが作品だってことで。じゃあ、その作品の締めくくりを最高のものにするために、ムーンサルトをやったがゆえにヒザを痛めて負けるという姿を見せた。

斎藤　あえてそのリスクを冒したことによってあの敗北はもの凄いリアリティを生んだ。

――打ちどころが悪ければ、人工関節が壊れるなり、大ケガをするなりのリスクがあ

XLARGE

るわけですからね。

斎藤　1・22横浜アリーナのグレート・ムタ&スティング&ダービー・アリンvs丸藤正道&白使&AKIRAの6人タッグマッチでも、試合後、ムタは車椅子に乗ってコメントルームに現れた。花道まではたしかに歩いていたけれど、バックステージではもう歩くことさえできなかったわけです。

——試合中、両脚の太ももの肉離れを起こしてしまったという。肉離れってボクも経験ありますけど、本当に歩けないんですよね。

鹿島　東スポでは「武藤、引退ピンチ！車椅子」って煽っていましたよ。

——だから、ここからはドキュメンタリーなんですよ。じつは武藤さんってバックステージではちょっとした移動でも車椅子なんですけど、カメラが回っているところでは絶対に車椅子に乗らなかった。だけど、横アリではムタの格好のまま車椅子に乗っていたということは、本当に歩けない状態であり、その姿すら晒そうという覚悟が感じられた。ムタのファイナルというファンタジーに、武藤の現状という圧倒的なリアルのドキュメンタリーが同居した、凄いエンターテインメントですよ。

鹿島　引退試合まで1カ月を切った中で肉離れというケガを負い、いろいろ混然となって当日を迎えていくというドキュメンタリーでもありますよね。いままで以上に脚が言うことをきかない中で、どんな試合を見せてくれるのかということも含めて。

斎藤　武藤さんほどのレスラー、いやアーティストなら、自分のケガの状態やフィジカルを考慮した上で、すでに作品のイメージ作りに入っているでしょうね。

鹿島　「脚が動かない中でどんな試合を見せるか」というお題を自分に課しているという。

——これは、さっきのコブラをあえて正面から捕まえる話とも共通すると思うんですけど。武藤さんは「ムーンサルトをやるよりも、じつはその前のシュミット式バックブリーカーがキツイんだ。あれは相手を持ち上げて、自分のヒザに落とさなきゃいけないからさ」って言っていたんですよ（笑）。

鹿島　でも、あれをやるからこそ相手は立ち上がれなくて、ムーンサルトが決まるっていう説得力のために不可欠なわけですよね。

斎藤　ひとつの様式美として、シュミット式バックブリーカーも含めた一連の流れが「ムーンサルト・プレス」なんだと思います。ハンセンのウエスタンラリアットが、サポーターをずらすところも含めたパッケージになっているのと同じで。

鹿島　プロセスでいうと、髙田延彦戦でやったドラゴンスクリューを出してからの足4の字固めなんかもまさにそうですよね。ドラゴンスクリューでヒザにダメージを与えたからこそ、足4の字固めがフィニッシュになるという説得力がもの凄く出たじゃないですか。

斎藤　足4の字固めっていうのは昔からある古典的な必殺技でしたが、武藤vs髙田の〝あの日〟までは単なる痛め技のランクに落ちてしまっていたんですね。あの技でギブアップというシーンが本当にイメージしにくくなっていた。

――休むための技みたいな感すらありましたからね。ボクも子ども心にジャンボ鶴田の足4の字を見るたびに「休んでるな」と思っていましたから（笑）。

鹿島　だから、それだと説得力がなかったということですよね。武藤さんはドラゴンスクリューとセットにすることで、それを可能にした。

斎藤　ＵＷＦスタイルの髙田延彦がギブアップしたという既成事実が大きかった。だから髙田戦のあとからは武藤さんがドラゴンスクリューから足4の字固めをやると、ここで勝負が決まるという共通認識が観客の中に生まれたわけですね。

「江川卓が花粉症で春先は体調が悪くて苦しむっていうエピソードがあったけど、当時は花粉症自体が世間的に浸透していなくて叩かれた」（斎藤）

――これは永田（裕志）さんが言っていたんですけど、レスラーは自分のフィニッシュホールドを作る作業が不可欠だけど、それを観客に浸透させるまでに凄く時間がかかると。永田さん自身、ナガタロックをやっても最初は観客がうんともすんとも言わなかった。「みんなそれで悩んでいるのに、武藤さんは髙田戦の次のシリーズから全国どこに行っても足4の字をやるだけで観客がもの凄く沸いた。あんなのプロレス人生の中で武藤さんの4の字以外見たことがない」って。

斎藤　それは足4の字固めが究極の必殺技としてリバイバル、リニューアルされた瞬間を、ボクらはみんな武藤vs髙田戦でリアルタイムで目撃して、それをそのあともずっと共有したということです。ドキュメンタリーの場合は、制作者が目撃したものを映像に加工する。その映像をボクたちが観ることで経験的には脳内で共有するわけですね。

鹿島　プロレスも映像作品も画としての説得力が、観るものにとって共通体験になるってことですね。そういう意味で、水スペの元隊員の話でおもしろかったのは、スタッフが熱中症になって失神して泡を吹いている場面とか、そういうのは逆にわざとらしいから使わなかったって（笑）。

――ヘビに噛まれて泡を吹くならいいけど、熱中症じゃダメという（笑）。

鹿島　そこも説得力なんですよ。だからよくわからない変な虫に噛まれて足が大変なことになっても、それは画としては貧弱だから使われない。だから本当にヤバいことはテレビの外で起きていて、その上でスポットライトが当たりやすい画が採用されているっていう。

――それって今回のムタのラストマッチと一緒で、ムタは実際に太ももに大ケガを負ったけれど、それは対戦相手が仕掛けた技によるものじゃないので、試合中はなんでもないように見せなきゃいけない。これがいまの話と凄く似ていますよね。

斎藤　そもそも魔界から降臨してきたムタが、試合中にアクシデントで肉離れを起こしちゃいけないわけです。

鹿島　見えないところのケガの痛みって、観客はシェアできないですもんね。だからプロ野球のキャンプでよくあるお休みの理由が「寝違えたため」っていうのがあるんですけど、それって「足首の捻挫で歩くのが困難」とかと比べてよくわからないじゃないですか。だから「寝違えた程度で休むなよ」とか思われがちなんですけど、実際、野球選手が休むほどの寝違えって、めちゃくちゃ痛いと思うんですよ。くしゃみするだけで死ぬ思いっていう。

——ぎっくり腰と同じですよね。まわりから見てもわからないけど、本人は脂汗を流すくらいの激痛という。

斎藤　プロ野球ではかつて江川卓が花粉症で春先は体調が悪くて苦しむっていうエピソードがあったけど、当時は花粉症そのものが世間的に浸透していなくて「そんなことで調子を落とすのか?」と叩かれたことがありました。

鹿島　だからそこらへんの共有力とか説得力ですよね。

——その「共有力と説得力」がプロレスの肝ですよね。これは藤原組長がウィリエム・ルスカについて言っていたんですけど。パンチ攻撃ってプロレスの基本ですけど、ルスカのパンチは不恰好で観客には全然痛そうに見えないのに、実際はもの凄く痛いらしくて、「アイツほどプロレスに向いていないヤツはいない」って（笑）。

鹿島　だから探検隊も説得力を生むために、じつはロケが終わったあとが大変だったって放送作家の人は言うんですよ。大半は山道を歩くだけの映像なわけですけど、むしろこのなんでもない道のりをどうやって煽るナレーションの文章を書くかとか。

斎藤　探検のプロセスが大事なわけで、結局、未知の生物は見つからずに帰ってくる回もあったわけですよね?

鹿島　探検隊はそういう〝不透明決着〟がほとんどですね。だから逆に原始猿人バーゴンっていうのが最終的に捕まった回を観て、当時ボクはビックリしたんですよ。「えっ、完全決着かよ!?」っていう。

——てっきり今回も〝両者リングアウト〟だとばかり思っていたのに、3カウント入ってびっくり、という。いにしえのNWA世界戦みたいですね（笑）。

鹿島　だけどバーゴンについて詳しく聞いてみると、「なるほどなあ」と思ったんですよ。あれは「原始猿人」バーゴンと言っていますけど、番組のコンセプトとしては少数民族の部族がいて、その中での共同生活に馴染めずにひとりぼっちではぐれてジャングルで生活してるヤツもいるだろう、そういうヤツもいるらしいよっていうテイで探しに行くっていう。

——原始猿人って呼ばれるものが、じつははぐれ少数民族なんじゃないかっていうことですよね。前に『NHKスペシャル』で放送して話題になった、アマゾンの未知の先住民族イゾラドのはぐれた生き残り「アウラ」と、コンセプトは一緒という（笑）。

鹿島　まさにそうですよ。だからバーゴンは最後、ヘリコプターに乗せられてどこかに連れて行かれるんですけど、あれはナレーションをよく聞くと「捕獲」じゃなくて「保護」って言っているんですよね（笑）。

「武藤敬司が太ももに肉離れ＝爆弾を抱えている中で作品としてどれだけ未知のものを見せるか。そこからどんなものが見えてきたのかをまた考察したい」（斎藤）

斎藤　保護？

鹿島　つまり、はぐれた少数民族を保護して文明社会に戻すためのトレーニングをするためにっていう。ナレーションをよく聞くと伏線を張っているんですよね。だからまったくゼロからでっち上げていることではないという。

斎藤　まあ、でも、類人猿ではなかった（笑）。

鹿島　類人猿説もあるけれど、発見してみたら違ったという。

斎藤　そういう意味で、番組としては発見しても、発見できずに帰ってきてもありなんですね。

鹿島　発見しないバージョンのほうが多いんですよ。チラッと画面に映ったけれど、結局は取り逃したというのがほとんどです。

――まさに強豪外国人をあと一歩まで追い詰めたけど、毎回両リンや反則決着で逃げられた昭和プロレスと同じですね（笑）。

鹿島　ホント両リンですね。だから昭和の時代、ボクたちは水曜日も金曜日もテレ朝で両リンを見せられていたという（笑）。でも、たまにとんでもない試合があるからビックリしちゃうし、次回もまた観ちゃうっていう繰り返しでしたね。

――猪木がアンドレ・ザ・ジャイアントからギブアップ勝ちしたときはビックリしましたもんね。「今回もリングアウトがらみだろう」と完全に油断しきっていたので。

鹿島　あれはバーゴンを捕まえちゃったみたいな感じですよね。しかも国技館のメインイベントとかではなく、愛知県体育館でやったＩＷＧＰリーグ戦の１試合というところに、「まさかここで？」というリアリティと説得力があった。

斎藤　またアンドレが本当にギブアップしたのか、ミスター高橋がレフェリーストップで止めちゃったのか、一見よくわからなかったのもそのリアリティを補完していました。

――セコンドの（将軍ＫＹ）ワカマツさんも、まさかギブアップすると思わず、慌てて乱入したんですよね（笑）。

鹿島　ワカマツさんも知らなかったんだ！

斎藤　みんな「アンドレがギブアップするわけがない」と思っているから、もの凄い驚きを与えた。猪木vsアンドレの翌週、ボクが取材でＵＷＦ道場に行ったとき、「あれ、ギブアップしてましたか？」っていうことが、ＵＷＦの選手の間でも話題になっていましたから。

鹿島　ＵＷＦ道場でも話題になってたっていうのはいい話ですねえ。

――アンドレのギブアップ負けは、なぜあのタイミングだったのか、なぜアンドレは一度だけギブアップしたのかを考えると、興味が尽きないですよね。

鹿島　35年以上経ってるのに、まだ楽しめるわけですからね。

斎藤　武藤敬司vs内藤哲也もそこだけ活字で読むとあまりインパクトはないかもしれないけれど、実際の試合では、いろんな場面場面に幾重にも幾重にも、あとでその意味がわかってくる深みのあるシーンを散りばめてくると思います。

鹿島　掘りがいのある試合になるんでしょうね。

——内藤選手も相当な意味込みで臨むでしょうからね。グレート・ムタvsシンスケ・ナカムラと比べられるのは百も承知だろうし。

斎藤　しかも、武藤敬司が太ももに肉離れ=爆弾を抱えている中で、作品としてどれだけ未知のものを見せるか。ビギナー層が「いい試合だった」って言うのは当たり前だと思うんですね。でも、偉大なるレスラー武藤敬司のラストマッチなら、観戦歴の長いベテランのファン、マニア層もあっと驚かせなきゃいけない。武藤さんの中ではその脳内映像がすでに完成しつつあるんだと思います。

鹿島　これが出る頃には結果が出ているわけですけど。また次の号で答え合わせがしたいですね。

斎藤　武藤敬司の引退試合でどんなものが見えてきたのか。そこは次回、またじっくりと考察しましょう！

斎藤文彦
1962年1月1日生まれ、東京都杉並区出身。プロレスライター、コラムニスト、大学講師。アメリカミネソタ州オーガズバーグ大学教養学部卒、早稲田大学大学院スポーツ科学学術院スポーツ科学研究科修士課程修了、筑波大学大学院人間総合科学研究科体育科学専攻博士後期課程満期。プロレスラーの海外武者修行に憧れ17歳で渡米して1981年より取材活動をスタート。『週刊プロレス』では創刊時から執筆。近著に『プロレス入門』『プロレス入門II』(いずれもビジネス社)、『フミ・サイトーのアメリカン・プロレス講座』(電波社)、『昭和プロレス正史 上下巻』(イースト・プレス)などがある。

プチ鹿島
1970年5月23日生まれ、長野県千曲市出身。お笑い芸人、コラムニスト。大阪芸術大学卒業後、芸人活動を開始。時事ネタと見立てを得意とする芸風で、新聞、雑誌などを多数寄稿する。TBSラジオ『東京ポッド許可局』『荒川強啓 デイ・キャッチ！』出演、テレビ朝日系『サンデーステーション』にレギュラー出演中。著書に『うそ社説』『うそ社説2』(いずれもボイジャー)、『教養としてのプロレス』(双葉文庫)、『芸人式新聞の読み方』(幻冬舎)、『プロレスを見れば世の中がわかる』(宝島社)などがある。本誌でも人気コラム『俺の人生にも、一度くらい幸せなコラムがあってもいい。』を連載中。

兵庫慎司のプロレスとまったく関係なくはない話

第93回 西寺郷太の『90's』がおもしろかった、自分にとっての理由

兵庫慎司

(ひょうご・しんじ) 1968年生まれ、広島出身・東京在住、音楽などのライター。なお、この本に頻繁に登場するピールアウトのドラマー高橋浩司氏は、音楽活動を続けつつ、数年前から下北沢CLUB Queで働いておられて、行くたびに見かけます。というのも、読むとさらに趣深い事実です。

1月に文藝春秋から出版された、西寺郷太の『90's』。1990年の中盤、大学三年生だった著者が、バイト先で知り合った年上のバンドマン「ワクイさん」に導かれて、下北沢のライブハウス、CLUB Queに足を踏み入れ、当時花開いていたインディ・ギター・バンドのシーンにどっぷりと浸かっていき、その中でひとりプロジェクトである(後にバンドになる)ノーナ・リーヴスを始め、インディ・デビュー→メジャー・デビューと足を進め、そして……という時代のことを、事実とフィクションを混ぜながら(帯に「自伝的小説」と書いてあるので、そうなのだろう。「僕が知っているレベルでも事実」と、「ここはさすがにフィクションだろうなと思う」の両方があるし)、一人称で綴った物語である。

音楽ファンとして当時のシーンを知っている人や、どっぷりそのシーンにいた当事者は、もちろん楽しめるし、その頃のことをまったく知らなくても、青春まっただなかにいる人たちの光と影を描いた物語として、おもしろく読めると思う。が、僕の場合は、そのどれにも当てはまらなかった。ただし。だからつまらなかった、のではなく、だからさらにおもしろかったのだった。

どう当てはまらなかったのか。この物語の主人公である西寺郷太と、同じ時代に同じ場所にいたのに、見ていた世界が違うのだ。そのことがおもしろかったのである。

まず、この物語が始まる時点で、彼は21歳くらいだが、僕は26歳だった。彼は大学生で、まだ本格的な音楽活動は始めていないが、僕はロッキング・オンという音楽雑誌を出している出版社で働いていて、ロッキング・オン・ジャパンという邦楽ロック誌の編集部にいた。だから、この本に実名で登場するバンドマンや業界人などのほとんどを知っているし、面識がある人もいっぱいいるのだが、それぞれの人物の印象が、全然違うのだ。彼と僕の立場が異なるからか、それとも彼と僕のキャラの差異のせいか、両方が理由なんだろうけど、その人たちが彼に見せる顔と、僕に見せる顔が違う。なので「あ、こんな人なんだ?」とか、「え、そんな人だっけ?」という驚きが、あちこちにある。たとえばピールアウトのボーカル&ベース&ピアノの近藤智洋は、僕とし

ては「東芝EMIのディレクターで花田裕之とかを担当していたが、洋楽ロッキング・オン誌のメンバー募集でバンドを組んで東芝を辞め、後にデビューした人」だが、本書にはその記載はない。彼は当時はそのことを知らなかったか、知っていてもこの本を書く上では必要ない情報だったのだと思う。あと、Queといえば、下北沢の老舗インディレーベルであるUKプロジェクトがライブハウスを始めた！ということが、我々にとってのトピックだったが、それもこの本では触れられていない。

という立場の違いとも関係ある、もうひとつの差異。同じ時期に、同じ下北沢の、同じQueにいたのに、属していたシーンが違うのだ。最初に書いたように、彼にとってのQueは、当時インディーズで盛り上がってメジャーへの進出が始まっていたギター・バンドたちの場所だったが、僕にとってはカステラ／真心ブラザーズ等の、早稲田大学の軽音サークルGEC出身者とその周辺のバンドたち、Theピーズやザ・カスタネッツやマーブルダイヤモンド等々の、ホームグラウンドだった。要は、同じ時期にQueにいたが、行く日が違った、という話ですね。僕は、本書に出て来るバンドたちのどれも知っているし、インタビュー等で接点があった人も何人もいるのに、当時僕は、彼らを「Queにいる人」と認識してはいなかった。いたのに。

でも、たとえば西寺郷太がQueにいた当時、同じ下北沢にあったSLITSというクラブは、渋谷系の震源地みたいな場所だったが、この本には渋谷系のアーティストは、ちょっとしか出てこない。あるいは、Queから徒歩3分とかからない下北沢シェルターなどでは、後に「AIR JAM系」と呼ばれるインディ・パンクのバンドたちがすさまじい人気を集めていたが、同じくそれも出て来ない。だから、彼と僕が違う世界にいたというのも、なんにも不思議なことじゃないんだけど、なんでしょう、自分がよく知っていると思っていた、あの時代のあの場所が、自分以外の「当事者」にとっては全然違う場所だった、自分はなんにも知らなかった、その知らなかったことを教えてくれたのがこの本。という意味で、とても興味深かったのである。

たとえば、UWFの内情を、当時の関係者たちに話を訊いたりして、あとから振り返った本。山ほど出ているああいう書物を読んでいて、何がおもしろいかって、同じ事件や同じ試合について、証言する人ごとに、語られる事実が全然異なることだ。噂話がソースでしゃべっているから、じゃなくて、その現場にいた当事者同士が語っているのに、全然話が食い違う。言うまでもないが、あれ、どっちかが嘘を言っているんじゃなくて、その人にとっては、それが真実なのだ。というのと近いような気がする……ちょっと違うか。「事実の認識が異なる」という点では一緒だけど、「その事件の時に同じ場所にいた」わけではないから。同じ時期に同じ後楽園ホールにいたけど、興行団体が違った、くらいの感じか……。

話がまとまらなくなってしまったが、とにかく、そんなふうに「自分も当事者だったはずの、ある時代を描いた本」を読むという経験、初めてだったもんで、ちょっとショックというか、新鮮な楽しさがあったのでした。でも、僕みたいな立場じゃなくても、おもしろい本です。おすすめです。

おもしろい人はなぜおもしろいのかを
調査する好評連載・第 26 回

収録日：2023 年 2 月 7 日
撮影：橋詰大地
聞き手：大井洋一
構成：井上崇宏

彗星の如く現れ、結成3年目でM-1ファイナリスト！　既視感ゼロのネタと芸風でお笑いに旋風を巻き起こし中。

ヨネダ2000（誠＆愛）

「本当に〝全人類を笑わせたい〟っていうのが私たちふたりの目標。それが賞レースとかよりも手前にありますし、そもそも賞レースを意識して1年間やってる人とかにはタイプ的になれない。やっぱり頭がよくないから分析とかできないんですよ（笑）」

PUMA
LANCHESTER LADYCAS

お笑い界に限らず、な話しですが、何かを紹介するときに「独特の世界観」という表現がよく使われます。そりゃ、紹介したくなるようなものはだいたい「独特の世界観」に決まっているんですけど、このヨネダ2000に限って言えば「独特の世界観」としか言いようがないんですよ。

BPM160を正確にキープした「ペッタンコ」に合わせボケていく。こうやって文字にしたところで何もわからないネタで、こんなネタ、これまでなかったから、ナントカ漫才みたいなカテゴリ分けも当然できなくて。やっぱり「独特の世界観」としか言いようがないんです。

理屈はわからないけど、なんかおもしろいって最高ですよね。

ということで、さっそくお呼びしてお話を聞いたんですが。これから読むインタビューの中に、いくつか妙な箇所があるんですけど、そのワケも読み進めていくとわかるので、お楽しみくください。（大井）

「そもそも賞レース用のネタと寄席用のネタとかを分けることができないタイプなんです」（愛）

――女性のコンビとしては13年ぶりのファイナリストとして昨年のM－1決勝に出て、キャリアスタートから結果を出すペースがとても早いなと思うんですけど。

誠　（愛に向かって）わりと想定通りですか？

愛　そんなことはない！（笑）。でも、やっぱり想像よりも早かったなと思いますね。まわりからは「女芸人はどんどん早めに出ていったほうがいい」って言われていて、「そんなこと言われても……」って思っていましたけど。

――2021年のM－1準決勝で観たYMCAのネタが、凄く新しいというかセオリーにない人たちだなって印象だったんですけど、あのときにはもうこのスタイルでいけるかなっていう手応えはあったんですか？

誠　あれの前にドスコイがあったので、同じようなものをもう一丁作ってみるかぐらいのノリで作って、ふたりが気に入ったネタだったのでやったくらいの感じですね。

――最初のネタの入りで「じゃあ、ちょっとやっておいて」って言って、愛さんに何かをやり続けてもらって、そこに誠さんが合わせて転がっていくっていうスタイルですよね。

誠　それがやりやすいなとは思っていましたけど、ずっとこれでいこうとは考えていなかったんですよ。

――もともと世の中にはなかった形を作られていると思うんですけど、ネタを作りながら生まれたものですか？

誠　あっ、「新しい、見たこともないことをしよう」とは言っていたので、そこはまず当てはまってるなっていうか、「これでいいか」ってなって。あとはまあ、「好きなことを全部詰め込んじゃえ！」みたいな感じで。

愛　そもそも賞レース用のネタと寄席用のネタとかを分けることができないタイプというか、そこを意識をしていなかったので本当に好きなことをやっていただけというか。そうしたらうまいことハマっていったんですよ。

誠　ラッキーだったよね。

愛　賞レースをそんなに意識していたわけじゃなかったから、「おっ、おおお……？」ってなりましたね（笑）。

――意識していなかったのに結果が出ていることに。まわりの先輩芸人さんたちはおふたりのネタをどう見てるんですかね？

誠　ネタは本当に勉強させてもらってますね。

愛　違う違う！　ウチらのネタをどう見られてるか。

誠　あっ、なるほど！　すみません、ちょっと頭が悪くて（笑）。どう見られてるんだろ……？　アドバイスとかを聞こうと思ったら「もうわからない」って言われてしまうんです。

――たしかにそう言うしかないと思いますけど、そもそも誰かにアドバイスを求めるんですか？（笑）。

愛　意外と求めてるんですよ（笑）。私たちなりに悩みみたいなものもあるし。

誠　「どう見えてますか？」っていう確認ですね。そうすると「いいんじゃない？」とかって言われて（笑）。

愛　たしかにみなさんそうかもしれない。

誠　「何も言えないよ」って言われてしまいますね。

――そこで「あそこはちょっとわかりづらいぞ」みたいな、ちょっと下手なことを言うとおふたりに詰められそうな気もするし（笑）。たとえばM－1決勝でやったペッタンコのネタは、どっか悩んだところがあったんですか？

誠　それこそ本番ではＤＡ ＰＵＭＰさんの『ｉｆ』を歌ったんですけど、わりとずっとオリジナルソングで歌ってたんで、「本当にこの曲でいいのかな？」とか。あとは見せ方ですね。ひとりで全部やっているように見せるのか、メンバー紹介をしていく形にするのかとか。もう本当に直前の直前まで悩んでいたので、そこは同期とかのネタ見せのときにみんなに聞きました。

――それを聞いて受け入れるんですか？

誠　受け入れるところは受け入れて、受け入れられないところは「本当にごめんなさい」にしてますけど、そんな感じですね。ネタを作るときって言葉にできるのが2パーくらいで、あとは「ちょっと見て」って感じでやるんですけど、それが「楽しいな」って。なにより楽しいのがいちばんなので（笑）。

ファミレスで。

――誠さんは実家が理容室なんですよね。その髪型も実家で切ってるんですか？

誠 髪は実家で切ってます。これが伸び縮みしてる感じです。

――いつからこの髪型なんですか？

誠 中1ぐらいですかね？ それまでも基本は首が隠れることはなかったですけど。

――それは親主導で？

誠 いや、親は「伸ばしてほしい。ショートカットにするのは嫌だ」ってずっと言っていたんですけど、私がどうしてもっていう。

――悲しい話ですね（笑）。伸ばしてほしい娘の髪を切らなきゃいけないっていう。

誠 「もうこれ以上はやめてくれ〜！」って言われてました。母と妹と自分が全員同じ髪型だったときがあって、本当にそのときはお父さんがかわいそうでした。しかも「あの店、あの髪型しか切れないんじゃないか？」っていう噂が1回出て（笑）。

愛 「女性は全員この髪型になっちゃう。危ないぞ」みたいな。

――理容師の資格をお持ちなんですか？

誠 持ってます。NSCと一緒に専門学校にも通って。

愛 私、1回切られましたね。

「母と妹と自分が全員同じ髪型だったときがあって、本当にお父さんがかわいそうでした」（誠）

――いいですね。じゃあ、ちょっとおふたりの人物像に迫っていきますね。ふたりは喧嘩とかするんですか？

誠 喧嘩はしないです。あっ、1回だけしました。愛さんが持っていたおからクッキーをくれるって言ってたんですけど、なんか私がカッコつけて断っちゃって、愛さんがそれを食べ始めたらおいしそうに見えてきて、「やっぱりください」って言ったら「1回断ったからもうあげません」って言われて、「ああ……」と思って、でもどうしても食べたいから愛さんの手からおからクッキーを奪って走って逃げたら追いかけてきて、いつの間にか手をつないで仲直りしてました。

――……な、なるほど。

誠 なんやかんやありました。

愛 やっぱ1回断られたら、私はもう自分のモノとしてお腹の調整をするので考えられないです。

誠 新宿の夜でした。いまもあそこの大きな歩道橋を通ると思い出します。

――バイトとかはしていたんですか？

誠 してました。実家の理容室と、クリーニング屋さんと、

――「切られた」(笑)。

愛　なんか適当になんにも聞かれずに切られて、本当に同じような髪型になったんですよ。やっぱこの家族は危ないんですよ(笑)。

誠　違う、違う!(笑)。

愛　バレないように耳が出るくらいにしてきて、「えっ、ちょっと短くない?」って言ったら「いやなんか、首と肩を間違えちゃった」とか意味わかんないウソをついて(笑)。もうどこにも出たくなくて1カ月くらい休もうかなって思いました。

誠　いや、この髪型がいちばんいいですよ。

――どういうところがいいんですか?

誠　乾きやすいし、キュート。

――なるほど。どういう青春時代だったんですか?

愛　高校はヤンキーとギャルがいっぱいいる学校でした。

――治安があまりよくない感じの。

愛　よくないです。頭もよくないですし。総合学科だったので、大学みたいに自分で選んで授業を取るタイプの高校だったから、クラスで仲良くなるとかがあまりなかったんですよ。それで最初にしゃべりかけてくれたのはギャルでしたね。ギャルって意外といい人なんで、ギャル4人くらいが別々で話しかけてきてくれて「やさしいな」と思って。

――じゃあ、高校時代の友達っていうのはギャルが多め?

愛　いや、友達は普通めの。部活のコとかですね。

「バリトンサックスが好きで。自分はメロディを吹きたいとは思わなくて低音で支えたいんですよ」(愛)

――吹奏楽部だったんですよね。そこにはやっぱり青春を捧げたんですか?

愛　まあ、中学のときはそうだったんですけど、高校1年で断念しまして。中学でやっていたバリトンサックスという楽器を高校でもやりたくて入ったのに、定員オーバーというかもうそれをやっている先輩がいるから「今期は募集してないんだ」みたいになってトロンボーンをやらされたので「ちょっと違うな……」ってなって、1年で辞めて一般の楽団に入ってました。

――どうしてもバリトンサックスをやりたかった。

愛　だからあきらめきれずに楽団に入ってやってましたね。

――バリトンサックスの魅力はなんですか?

愛　なんか好きなんですよね。たぶん音ですかね?

誠　でも辻褄があわなくて、バリトンサックスは低音なのに、愛さんは声が高い男の人が好きなんですよ。

愛　まあ、バリトンサックスは人じゃないからね（笑）。自分は低音で支えたいんですよ。メロディを吹きたいとは思わないんで。

誠　基本は支えたいんだ？

愛　基本的にはやっぱリズムを刻んでいたいというか。その刻んでるときの低音が好きですね。

――人は声が高い人がタイプなんですね。

誠　愛さんは声で人を好きになるんで。

愛　そうですね。声が高い人は好きですね。最初に香取慎吾さんを好きになって、それが歌からだったんですけど、たぶんちょっと高め声だったからだなと。

――香取さんの声が好きだったと。

愛　それが6、7歳くらいのときにあって、自分でも気づいてはいなかったんですけど、いま思い返すとたしかに声が高い人が好きだなっていう（笑）。

――「声が低い人が好き」っていうパターンが多いじゃないですか。

愛　イケボみたいな。（小声で）ちょっとそれはごめんなさい、低い人はちょっと嫌ですね。

誠　自分が支えたいからね（笑）。

――恋愛とかはどうだったんですか？

愛　ちょっとなかったですねえ。男性がクラスに7人しかいなくて少なかったんですよ。専門学校も7人とかしかいなかったからほぼ女子校みたいな感じだったんで。それと高校はヤンチャめな男性しかいないというか、毎日大変そうな人たちしかいなかったんで（笑）。

――そこは恋愛対象にはならずに。

愛　見つからなかったですね、いい人が。恋愛もしたいんですけどね。

――誠さんはどういう青春時代だったんですか？

誠　自分は部活、部活っていう感じでしたね。テニスをやっ

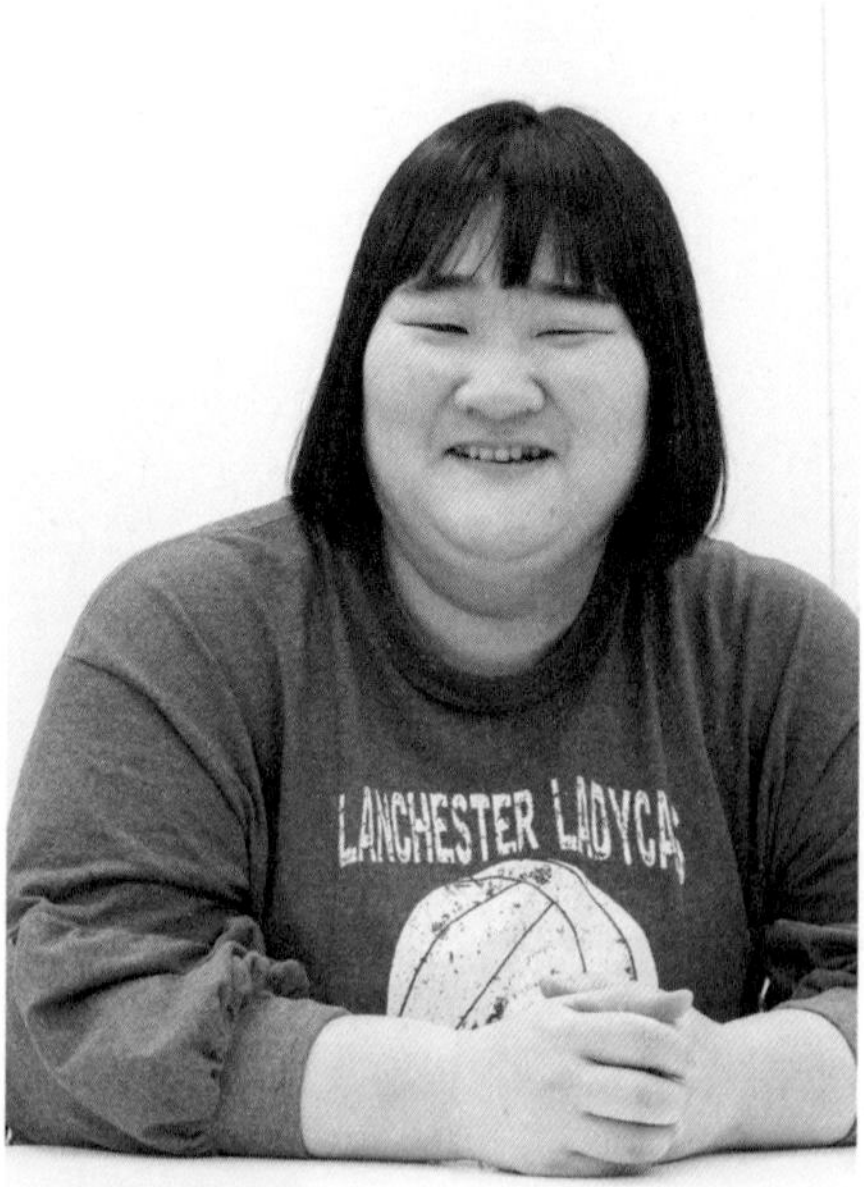

ていたんですけど。
――テニスを始めたきっかけはなんだったんですか？
誠　本当はバドミントンをやりたかったんですけど、バドミントンがない町で育ってしまったんで……。
――バドミントンがない町……？
誠　……はい（コクリ）。似ているスポーツで調べてみたらテニスが似てそうっていうので始めましたね。
――それでやってみたら意外と才能があるなと？
誠　「テニス、楽しいな」っていうのが先にあってずっとやっていたら、わりといいスクールに通わせてもらってたので強くなれて、それで推薦入学みたいな感じで高校に入りました。
――じゃあ、高校でもずっとテニスを。成績はどんな感じだったんですか？
誠　ダブルスで町でトップとかにはなってましたね。
愛　なに、町って？（笑）。区じゃないの？　市とかでもなくて？
誠　区大会ですね（笑）。世田谷区でトップでした。学校も強かったので団体戦も東京都で5位とか。
――凄い。けっこう厳しい部活生活だったんですか？
誠　めちゃくちゃゆるかったですね。ゆるくて強い、珍しい学校だったんですよ。まあ、楽しい感じでした。
――悪さしたなとか、はしゃいだなとか、怒られたなとかは？
誠　何かあるかなあ……？　ちょっと待ってくださいね……。

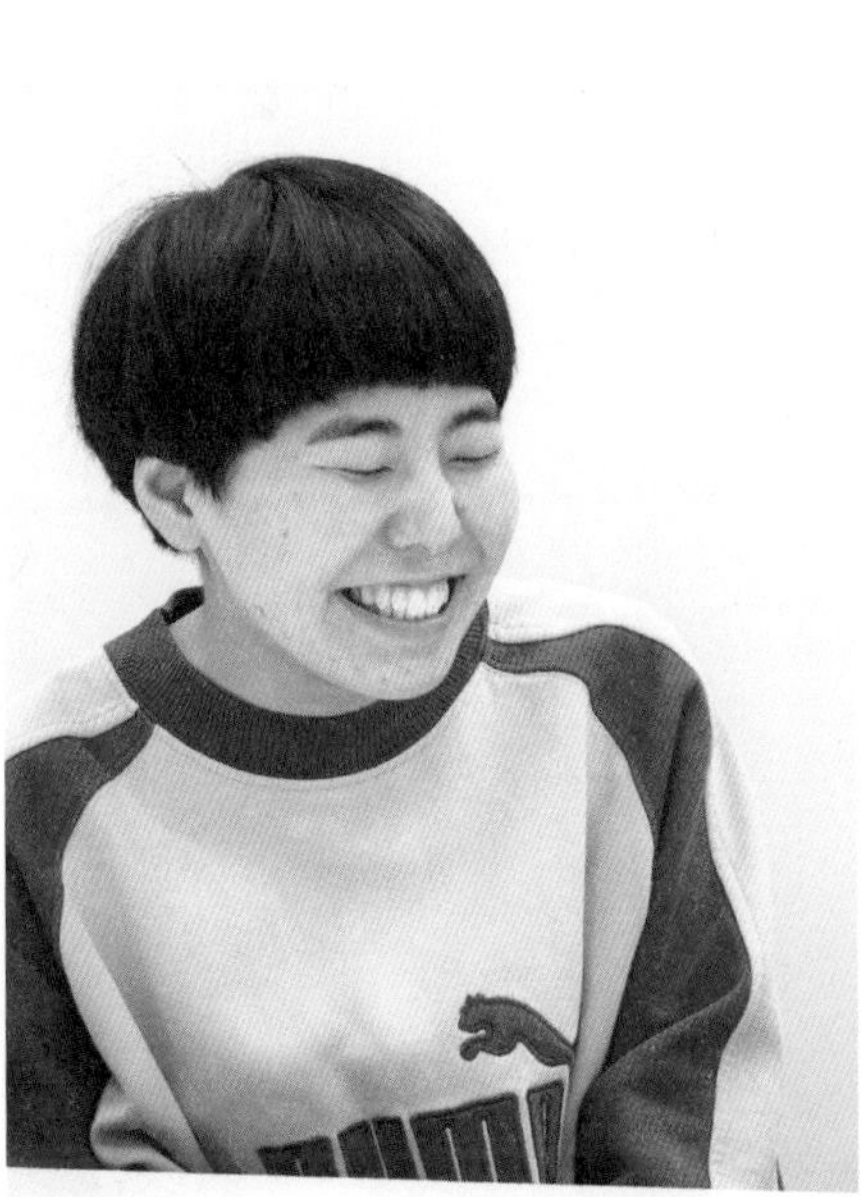

「人見知りでギャルとかに『もう敬語やめろし～』『ウチらに敬語とかいいって』みたいに言われてました」（誠）

――じゃあ、誠さんが思い出している間に、愛さんはドッグトレーナーの専門学校に行ってたんですよね。ウチの犬、人が来るとずっと吠えてるんですけど、どうしたらいいんですか？

愛　チャイム音とかですか？

――チャイム音もそうですし、ボクがゴミをまとめたりしていてビニールをカサカサさせたら凄い吠えるんですよ。

愛　音にってことですか？

――離れて何か作業をしていることに対してのジェラシーなのか、怒りなのか、とにかくうるさいんですよ（笑）。

愛　「こっちに来いよ！」みたいな。それはもう無視ですね。

――えっ、でもずっとうるさいんですよ？

愛　いや、無視しないとよりやってくるので、無視がいちばんいい方法かもしれないです。音に敏感とかだったら生活音のラジオとかを流しておくと耳慣れするんですけど、そっちだとあきらめるまで無視がいいですかね。

――なるほど。では……誠さん。高校のときの話を聞いてもいいですか？

誠　……はい（コクリ）。高校の話をしてもいいでしょうか？

――……お願いします。

誠　……あの日は雪が降っていまして、「今日は危ないから学校に来なくていい」って言われていたのに行っちゃったときは、先生に「なんで来たの！」ってちょっと怒られましたね。

――……ち、小さいですね。

誠　でも基本は何もしないので怒られないんです。

――何もしない。目立ちたいっていう気持ちはないんですか？

誠　あまりないです。好きなことでは目立ちたいですけど、悪さをして目立とうとかは悪いことが好きじゃないので。悪いことってやっぱよくないじゃないですか（笑）。なので悪いことで目立ってもなって思いますね。

――でもおもしろいことは好きなんですよね。

誠　はい。でも、おとなしめだったと思います。だから同級生は私が芸人をやっていることに気づいていない人もたくさんいると思います。

愛　言ったらビックリされたことある？

誠　本当にありえないくらいのことなんでビックリされると思います。会話も部活の人としかしてなかったので。

――部活以外で何か熱中したものとかはあるんですか？

誠　音楽ですかね？　音楽がずっと好きでした。フジファブリックとかブルーハーツとか。ちょっと上の世代のバンドらへんをずっと聴いてましたね。父が聴いているのを聴いて、「あっ、いいな」ってなった感じです。

――家にあるＣＤとかを聴いて。

誠　家に黒い大きいＣＤみたいなのがありますね。

PUMA
LANCHESTER LADYCAS
OLLEYBAL

――それはレコードですね。

誠　あっ、レコードですね。知ってはいました。いま出なかっただけです。すみません、ごめんなさい（笑）。本当にちょっと頭が悪いんです。すみません（笑）。だから友達とか兄と一緒にライブに行ったりとかもしてました。お兄ちゃんもバンドとお笑いが好きだった感じで、私とほぼ一緒の人間ですね。

――じゃあ、誠さんも愛さんも友達がそんなに多かったわけではないんですか。

誠　そうですね。やっぱり言ってしまえば人見知りというか。なので同級生にはずっと敬語でした。それでギャルとかに「もう敬語やめろし～」「ウチらに敬語とかいいって」みたいに言われるんですけど、「いや、ちょっとすみません……」とか言って（笑）。

――青春とかはなかったんですか？　誰かを好きになるみたいなのは。

誠　いや、それがなさすぎて困っちゃって。本当に部活と塾とテニススクールでずっとやってて。

――親からすれば真面目な娘で、ありがたい話ですけど（笑）。

誠　でも塾はほぼ寝ちゃってたんでよくなかったんですけど。

――キラキラしたものにあこがれたりとかもない？

誠　その時期はなかったですね。「いまが最高」だと思ってたんで。でも、たしかに隣をパッと見てみたら楽しそうなことはしていたと思うんですけど、隣を見ることもしなかったですね。自分がいま楽しいだろうなと思いすぎていて。

――どこに楽しさがあったんですか？

誠　とにかく部活が楽しかったですね。テニスができてるという事実が。塾は頭が悪すぎて楽しくなかったですけど。

愛　でも行かないといけないし。

誠　犬を放し飼いの塾に行ってたんですよ。

――犬を!?　どういう塾ですか（笑）。

誠　先生の犬なんですけど、親が大手の塾に入れてくれてもどこでも最下位で、一向に成績が上がらないから、同じ中学校のコしかいないような町の塾に行ったら犬が放し飼いで。でもそこでも最下位で、授業中に寝ちゃってて起きたら先生が私の顔の前に犬を持ってきて「うわーっ、ごめんなさい、ごめんなさい……」ってやっているところで勉強してました（笑）。

――勉強が異常に苦手なんですか？

誠　異常に苦手です！　勉強だけは楽しさがわからなかったです！

愛　楽しくないと思ったら、たぶんできないじゃないですか。

「『今年の傾向はこういうネタが』とか分析ができないので、自分らがいま楽しいと思うものをぶつけるしかない」（愛）

――でも勉強って半強制的だったりするじゃないですか。そこで「べつに言われたことはしっかりやります」っていうタイプの人ではないんですか？

誠　意外と見た目と違ったりして……。

愛　締め切りとかは絶対に過ぎるよね。ちょうど、きのうマネージャーさんとそういうことをしゃべってて（笑）。

誠　えっ、それちょっと聞いてないです。

愛　「誠さんって絶対にアンケートの締め切りが過ぎるじゃないですか」って言われて、「あっ、絶対に過ぎてんだ」と思って（笑）。

誠　逆算ができなくて、時間がかかるのにちょっと前とかから始めちゃって「これ、意外と時間がかかるな……」ってなって締め切りから30分が過ぎちゃって、「すみません……」っていう。でも、ほかはだらしなくはないですよね？

愛　うーん、だらしなくはないけど、基本的に何かしら抜けてはいますね。同じことをめちゃくちゃ何度も聞いてくるから、けっこう「えっ？」と思う（笑）。それに自分も気づいてて「何回も聞いてごめんね」って言うときもあるし。

――耳に入ってこないんですか？

誠　入ってこなさすぎて、入ってこないってことは、いらない情報なんじゃないかって思っちゃうんですよ（笑）。

――なんかギリギリで生きてますね（笑）。

誠　本当に瀬戸際みたいな人間だとは思っています。危ないです。ちょっと、なるべく早くしっかりしたいなって。

愛　もうここまできたら無理じゃないかな。

誠　いやいや、まだまだ挽回はできるかなって。いま、ちょっとお箸の持ち方は直してて。

――獣から人になろうと（笑）。お箸の持ち方が気になってるんですか？

誠　そうですね。最近ちょっとずつご飯を食べるお仕事とかもいただいてて、ちょっと気になるなと思っちゃって。「このご飯は大事じゃないかも」っていうときはそのままなんですけど。

愛　大事じゃないご飯とかあんまないよ。失礼な（笑）。

――そういう食レポとかも楽しんでいきたいなっていう気持ちはあるんですか？

誠　あっ、楽しみたいは楽しみたいですね。でもテレビは全体的にちょっとまだ緊張のほうが勝っちゃってます。

――そういうネタ以外の仕事も人並みにできるようにはなりたい？

愛　やっていきたいんですけど、あまりトークが得意じゃなくて、結局すぐモノとかに頼ってしまっていたので。これからは少しずつ小道具を排除し、話せる人にもなりたいなと思います（笑）。

――おしゃべりでもいけるように。

誠　そうですね。「どうしたらできるようになれるかな?」っていう話を相方にしていて、「人といっぱいしゃべることじゃない?」って言われて、「たしかにね」って（笑）。

愛　本当にしゃべれないんですよ。緊張とか人見知りもあるし、変なことを言うんですよね。しかもギリ聞こえてるくらいでちっちゃな声で言ってるから、誰も何もツッコめない空間ができるんで（笑）。すみません、本当に。

――反省というか、日々成長ですね。

誠　本当に日々（笑）。もうちょっとがんばりたいですね。

――もう「女芸人」という括りが正しくない時代になってきていると思うんですけど、このままキャリアを続けていきながら、こういうふうになりたい、こういう仕事をしたい、こういう立ち位置になりたいっていうのはあるんですか?　何か肩書きがほしいなとか、やっぱりM－1を獲りたいなとか、THE Wを獲りたいなとか、そこの目標に向かって進んで行く時期だったりするじゃないですか。で、その先というか。

誠　そうですね。「全人類を笑わせたい」っていうのが本当にありまして。逆に賞レースとかよりも手前にありますね。賞レースも大事なんですけど、やっぱり全人類を笑わせたいなと。

――その線上に賞レースがあったりテレビもあったりするけど、全人類を笑わせたいという気持ちがあると。

誠　はい。

愛　はい。

誠　これは本当にふたりともありますね。前に「ふたりの目標は?」って聞かれたことがあって、そのときにせーので出したら同じだったんですよ。自分は「全人類を笑わせたい」で、愛さんが「すべての人を笑わせたい」って書いていて。

愛　賞レースとか得意じゃないんですよ。意識するのが。

誠　あっ、そうですね。意識ができないんです。

愛　賞レース一本で1年間やってる人とかにはタイプ的になれなくて。やっぱり頭がよくないから分析とかできないんですよ（笑）。「今年の傾向はこういうネタが」とかそういうのができないので、本当に自分らがいま楽しいと思うものをぶつけるしかないというか。それでいけたらうれしいしっていう。だから思いっきり賞レースがでっかい目標というよりかは「笑ってほしい」が強いですね。

――ところで愛さんってわりと真っ当なことを言うタイプだと思うんですけど、ふざけることはあるんですか?（笑）。

愛　えっ、ふざける？

誠　あんまり見たことないかな。

愛　あっ、相手によります。心を開いている人の前であればめちゃくちゃふざけますし、そうじゃなかったら会話にもならないですし。マジで人によります。プライベートで私が何を言っても許してくれる人が数人だけいます（笑）。

「ドリフターズ、Mr.ビーン、ごっつの順番で観てました。ダウンタウンさんの番組はずっと観てましたね」（誠）

――心を許している人が。誠さんにも普段ふざけられる人がいるんですか？　まあでも、わりとボケますよね。

誠　そうですね。本当は初対面の人とかにでもずっとボケていたいんですけど。だけど、それに勝って人見知りが出てしまうので。今日も髪型の話あたりからボケられたらなってずっと思ってたんですけど、「どうしよう、どうしよう……」となって（笑）。

愛　そうなるんですよ。誠になるまでに時間がかかるんですよね（笑）。

――家にひとりでいるときは何をしてるんですか？

誠　絵を描いてます。

愛　あっ、それもボケずに本当のことを言う（笑）。

誠　あとは散歩に出かけたりとかしていますね。

――サブカルチャーが好きなわけでもない？

誠　どうなんですかね？　音楽も映画も、どのジャンルが好きだとかずっとわかっていないないですね。

――自分を形成した本とか漫画っていうのはないですか？

誠　音楽と笑いとテレビ。詳しいかはわからないですけど、好きなものをずっと観ていたので偏ってはいます。

――世代的にごっつ（『ダウンタウンのごっつええ感じ』）とかではないですよね？

誠　あっでも、最初はごっつです。ドリフターズ、Mr.ビーン、ごっつの順番で観てました。ダウンタウンさんの番組はずっと観てましたね。『ワールドダウンタウン』とかも凄く好きでした。

――あれ、おもしろかったですよね。「私はむしろ逆で」っていう（笑）。

誠　あれでだいぶやられてしまいました（笑）。

愛　私はおばあちゃん子で、親が仕事から帰ってくるまでおばあちゃんの家にいたんですよ。おばあちゃんの家って何もやることがなくて、テレビとちっちゃいビーズしかなくて。でも、ちっちゃいビーズは飽きてくるのでテレビをずっと観てて。それで時間帯的にずっとバラエティを観ていた感じですかね。あとはSMAPさんが好きだったので、『SMAP×SMAP』とかを観たり。

——SMAP好きはやはり香取慎吾さんを観てから？

愛 そうですね。紅白で『世界に一つだけの花』を歌っていて、2番の頭が香取さんだったんですけど、そこで「ハッ！」となって。

——高い声にときめいて（笑）。

愛 でもSMAPの全員が好きだったので音楽番組を録画して観たりだとか、ちっちゃいときはずっとそうでしたね。だからドラマも『西遊記』がいちばん好きでDVDも買って、いまでもたまに観ますね。

——じゃあ『7・2新しい別の窓』に出て、慎吾ちゃんから「かわいい」って言われたときはうれしかったんですね。

愛 それはもちろんでございます（笑）。

——誠さんにはそういう人はいないんですか？

誠 本当のいちばんは、フジファブリックの志村正彦さんだったんですけど……。

——亡くなられちゃいましたね。

誠 もう死んじゃったので会えないなって。だから愛さんが香取さんに会えたときにおめでとうとは思ったんですけど、同時に「自分はもう会えないのか……」ってなって。

「(小声で) ちょっと、この人たちと仲良くなっておいたほうがいいんじゃない？」(愛)

——あー。

誠 悲しかったですね。あっ、でも甲本ヒロトさんに会いたいです。

愛 甲本ヒロトさんね。それはずっと言ってるんですけど、なかなかね。

誠 ずっと言ってるんですけど、全然会えないですね。

——あのー、甲本さんは『KAMINOGE』ファミリーですよ（笑）。

誠 えーっ!?

愛 えっ？

——『KAMINOGE』には年1回マストで出ていただいてます。ただ、それだけでファミリーと呼んじゃってるんですけど（笑）。

愛 （小声で）ちょっと、この人たちと仲良くなっておいたほうがいいんじゃない？

——甲本さんのどういうところが好きなんですか？

誠 いやもう、カッコよすぎますね。全部そうなんだなって思っちゃう感じです。インタビューとかを読んでいても間違ったことを言ってるのを1回も見たことがないですね（笑）。

こないだも電車で読んでいたら泣いちゃったんですよ。

――ちなみに甲本さんでいちばん好きな曲はなんですか？

誠　クロマニヨンズの『雷雨決行』ですね。M－1の前とかもずっと聴いてました。

――ああ、「いざ！」というときにいいですよね。じゃあ、いつかどこかでお会いしたい？

誠　いつかどこかでお会いしたいです。M－1に出たら観てもらえるかもしれないっていうのがあったので、決勝に出られてめちゃくちゃうれしかったですね。

――生き別れた親を探してるみたいですね（笑）。いやいや、存在は絶対に知っていると思いますよ。

誠　知ってるかなあ……？

――ひょっとしたら、このページも甲本さんに読まれるんじゃないかな……（笑）。

誠　えーっ!?　ちょっと待って！　ちょっと待ってもらってもいいですか！（笑）。

愛　やべー、早めに聞いておけばもっとがんばってボケたのに（笑）。

誠　でも、やり直してもたぶん同じことを繰り返すと思いますので。

――多少力んだところで（笑）。

誠　本当に今日は最初からどうしたらいいかってずっと思っていたんですよ。

愛　この1時間くらいずっとね（笑）。

――じつはこのインタビューが始まる前、「これまでいろんなインタビューを受けてきたと思うので、今日のインタビューは全部、ウソでもいいですよ」と提案したんですよね。ヨネダ2000の聞いたことのないエピソードばかり載っているインタビュー、おもしろそうだなと思って。誠さん、そっちのほうが好きかなと思って。

愛　気を使っていただいて。私がしゃべっている間に、何か考えていると思ったんですけど……。

誠　難しかったですね。

愛　そこは普通のエピソードしゃべるんだ、みたいな。

誠　考えていたんですけどね。ずっとボイスレコーダーの時間を見て、「もう無理か……」とか思って。

――「引き返す訳にゃいかないぜ」と（笑）。

愛　もう引き返せない（笑）。やっぱスタートダッシュをミスったからね。

誠　本当に。また、あらためてのヨネダ2000をぜひ取材してください！

――じゃあ、何かで優勝したらまたすぐに出てください！

誠　何かで優勝したら？

愛　よし、何かで優勝しよう！

ヨネダ2000
吉本興業に所属する日本のお笑いコンビ。『M-1グランプリ2022』ファイナリスト。漫才を得意とするが、正統的なしゃべくり漫才とはかけ離れたシュール系コントに近いネタが多い。吉本興業所属。

誠（まこと）
1999年3月25日生まれ、東京都世田谷区出身。ヨネダ2000のボケ・ネタ作り担当（写真・左）
趣味はテニス、絵を描くこと、音楽鑑賞など。特技はハーモニカ、散髪、顔剃り（理容師免許取得）。東京NSC23期生。

愛（あい）
1996年9月19日生まれ、神奈川県横浜市出身。ヨネダ2000のツッコミ担当（写真・右）
趣味は動物鑑賞、音楽鑑賞、SMAPなど。特技は犬の基本的なしつけ、ブルースハープ(ハーモニカ)。東京NSC23期生。

大井洋一（おおい・よういち）
1977年8月4日生まれ、東京都世田谷区出身。放送作家。
『はねるのトびら』『SMAP×SMAP』『リンカーン』『クイズ☆タレント名鑑』『やりすぎコージー』『笑っていいとも!』『水曜日のダウンタウン』などの構成に参加。作家を志望する前にプロキックボクサーとして活動していた経験を活かし、2012年5月13日、前田日明が主宰するアマチュア格闘技大会『THE OUTSIDER 第21戦』でMMAデビュー。2018年9月2日、『THE OUTSIDER第52戦』ではTHE OUTSIDER55-60kg級王者となる。

坂本一弘

馬乗りゴリラビルジャーニー（仮）

第30回 引退

構成：井上崇宏

（さかもと・かずひろ）
1969年3月4日生まれ、大阪府大阪市出身。
修斗プロデューサー／株式会社サステイン代表。

――今回は〝現役引退〟をテーマに語っていただけたらと思うんですが。競技者の引退っていうのは基本的には自分が決めるものですか？

坂本　基本的には自分が決めることですね。たとえばボクシングの辰吉丈一郎選手とかは自分で「引退はしていない」と言っている。でも、それと試合のオファーがあるのは別の問題なんですよね。オファーが来ていれば「俺は引退していない」って言い切ることができるんです。でも試合はしていないけれど辰吉さんは毎日練習をしている。「なぜなら俺は現役だから」と。

――ずっとそう言っていますね。いま52歳。

坂本　それとサッカーの三浦知良さんも55歳でも現役でプレイしてますけど、カズさんにはオファーがあって今年はポルトガルに行くっていう。辰吉選手やカズ選手は極端な例だけど、基本は人それぞれで自分で決める人と、雇用がなくなった時点で引退だって思う人もいますよね。

――求められていないなら辞めるという。

坂本　あとはかつて王貞治さんが「自分のスイングができなくなった」と言って、それでも現役最後の年で30本ホームランを打ってるんですよ。近代野球においても悪い数字じゃないじゃないですか（笑）。でも自分の美学があるからそれで幕を引く人もいる。だから引退っていうのは個人のものですよね。

――個人の美学。

坂本　あとは引退と同義語ではないけど、〝卒業〟っていうのがあるじゃないですか。引退＝すべてを辞めなきゃいけないわけではない。ボクの好きな言葉なんですけど、フランス料理の三國清美シェフがおっしゃってたのですが、帝国ホテルの総料理長だった村上信夫シェフの言葉に「料理の世界に入門はあるけど、卒業はない」って。それってボクらもそうなんですよ。修斗の世界に入門はあるけど卒業はないんですよ。だから引退っていうのはあくまで通り道な

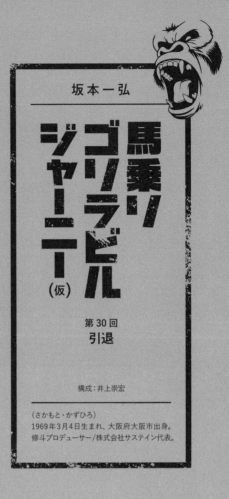

んですよね。柔道、剣道とかいろいろな道があるじゃないですか。我々だと修斗道。その道があるからこそ卒業はないんです。入ったその日から始めて、考える、練習する、稽古する。そこに卒業はないんですよね。

――現役引退はあっても卒業はないと。

坂本　だから引退というのはひとつの節目にしかならないから、引退をしたらボクらは修斗の道を進むことを辞めるのかって言ったらそうじゃない。競技について考えることとか、こうしたらもっと良くなるんじゃないか、この技とこの技を組み合わせたら凄いコンビネーションができるんじゃないか、っていろいろ研究してみたりとかはいくつになってもできるから、引退ってすべてがネガティブでもないし、いろんな捉え方があるからポジティブに考えていない人もいるかもしれないけど、そういうことじゃないんですよね。だって引退したからって練習することも、考えることも、思うこともすべて辞めなきゃいけないわけじゃないんだから。

――まさに引退は通り道。

坂本　もちろん格闘技を辞めて違う仕事をする、「俺はもうすべてから卒業する」っていう人もいるし、それがダメだと言っているわけじゃないんだけど、ボクは入門した以上は卒業は永遠にしない、卒業はないです。落語でも料理でも、どんな世界でもそうなのかもしれないけど、卒業はしないで常に考え続けるっていうことが大事なんじゃないかと思う。だから「引退ってなに？」っていう答えにはなっていないんだけど、やっぱり引退っていうのはただの過程でしかないってことですよね。卒業に関しても、何度も小さな卒業はしていくんですよ。でも、やると決めたことに対しての卒業は、まだ先送りしているというか、これは死ぬまでやるんだろうなっていう。

――佐藤ルミナさんとかも、まだこの道から卒業していないから、なんかずっと現役感がありますよね（笑）。

坂本　この世界に入ったら卒業できないんですよ。とにかくおもしろいし（笑）。逆に言ったら、ライターの人とかには引退や卒業ってあるんですか？　『KAMINOGE』の引退はあるんですか？　引退っていうか廃刊か。

――あー。それはいつかあるでしょうけど、何かを書くってことに関しては引退も卒業もないですよね。

坂本　べつに書き続けていって、それが世間に認められるとか認められないとかはどっちでもいいんですよ。「俺は書きたいものを書きたいんだ」と。

――そうです、そうです。LINEでおもしろいことを打ってやろうっていうのも、ずっとやるでしょうし（笑）。

坂本　だから卒業がないんですよ。でも、もしかしたら誰も『KAMINOGE』を読まなくなって、もう廃刊です、もうダメだってなることもあるじゃないですか。だからそれはオファーがなくなりましたっていう一つの卒業なんだろうけど、ライター人生は終わっていない。だからターザン山本さんとかもしぶとく生き延びていて、ずっと卒業していらっしゃらないから「俺はまだ言いたいことがあるんだ。書きたいこともある。みんなにプロレスを問いたいんだ」という、そういうことじゃないですかね。たとえばプロレスラーの方たちが引退したときに、もうプロレスのことを考えなくなっちゃうのかとか、っていうことを逆にボクは知りたいなと。

——あっ、それも人それぞれじゃないですかね。長州さんなんかはずっと芸能でもプロレスやっている気がしますし。

坂本　プロレスにも多種多様な技があるので、「俺だったらこう入るな」とかっていろいろ考えるのか、あるいは若い人に「俺だったらこうするけど、どうする?」ってそれを伝授するのかとか。ボクらの場合は伝えたりとか学んだりっていう行為もあるわけだから。歌手の人たちも「ギター1本あれば誰が聴いていようがいまいが関係ねえんだよ」っていう人だってやっぱりいるだろうし。

——家でずっとギターを弾いているのも道ですよね。

坂本　だから実質の引退っていうのは、ボクらの場合だとリングの上で闘うっていうことを辞めるだけであって、すべての闘いを放棄しているわけではないんですよ。やっぱりボクらはいつも何かと闘っているし、何かに卒業できないでいるし、いつまでもガキみたいなところもあるし。だから引退はすべての終わりではない、それどころか始まりでもあるかもしれない。

——格闘家は現役を引退したあとに道場をやったり、指導者になったり、っていうのは目に見えるわかりやすさがありますけど、そのほかの人たちって、引退したあとは何をやっているんですか?

坂本　普通に働いているんじゃないですか。企業に就職するとか。ボクも辞めたときはそうでしたからね。

——ああ、そうでしたね。

坂本　ボクは「引退」とは1回も言ってないんですけど、修斗を辞めたときは普通の仕事をしようと決めて離れた。カタギって言ったら変ですけど、「別の世界に行って勝負するんだ」って思っていたから。そういう人もいらっしゃるんじゃないですかね。

——じゃあ、みんな働いているんですね?

坂本　そりゃ働かなきゃ、さすがに食べていけないですからね(笑)。

——いまはだいぶ時代が違いますけど、たとえば有名だったレスラーが「いま、○○で働いているらしいよ」みたいなことはいまだに噂になるっていうか。

坂本　でも、それの何が悪いのかなっていうところなんですよ。働いているだけ立派じゃないですか。

——いや、だから「務まるのかな?」っていうことですよね(笑)。ツブシのきかない人っていうのがレスラーやってるというか。

坂本　でも格闘家もそうですよ。ボク自身もある程度の社会常識っていうのは身につけておかなければいけない。

——坂本さんは社会常識はあるので安心してください(笑)。

坂本　ひとつ言うと、ボクらの技術って世間一般から見たらどうでもいいんですよ。
——特殊技能すぎると。
坂本　護身とか、困っているおばあさんの手助けをしたってなると話は別ですけど、基本的にまったく役には立たない。
——法律上も使えない技術ですし（笑）。
坂本　アームロックの取り方とか、生産的に即何かを生み出しているわけではないから。だからそこにプラスして最低限いろんなことを身につけておかなきゃいけないのかなと。まあまあ、それも人それぞれ、それぞれの人生ですからね。
——馳浩なんかはプラスの技術のほうが多いですからね（笑）。
坂本　でも馳さんの存在でプロレスの認知が上がることだってあると思うし。
——現役時代から固くアパート経営をしていた木戸修というのも、キド・クラッチ的な旨さがあるし（笑）。
坂本　それで娘さんがプロゴルファーだからね。
——みなさん引退後はそれぞれに生活しているんでしょうけど、「元プロレスラー」というキャリアを持って人気商売にしている人って少ないですよね。アントニオ猪木と長州力くらいじゃないですかね。
坂本　猪木さんとか長州さんっていうのは、何かのきっかけがあってとか、人とのいい出会いもあっただろうし、結局それって「可愛げ」なんだと思うんですよ。
——はいはい、可愛げ。
坂本　「この人、なんか許せちゃう」っていう。だからこっちの分野だと桜井マッハ速人とかにもあるんですよ、その可愛げが（笑）。
——アハハハハ！　可愛げしかないですよ（笑）。
坂本　人はそれを「ズルい」って言うんだけど、それも持って生まれた才能だから。
——天賦の才能ですね。
坂本　なんかあって「マッハ、あのさ……」って怒ろうかなと思っても、目の前にいると笑っちゃうんですもん。だから可愛げって大事ですよね。羨ましいですよ（笑）。
——可愛げは身を助く。
坂本　ちゃんと挨拶ができるとかっていう礼儀も大事だけど、猪木さんや長州さんにはやっぱり可愛げがあったんじゃないですか？　茶目っ気というか。だから「この人は不器用そうだな」とか思っても、まわりはそれを理解しようと思ったりとかあるじゃないですか。
——あとは現場の人たちが一度は会ってみたい、一緒に仕事をしてみたい人じゃないですか。
坂本　そこじゃないですか。だって嫌なヤツとは会いたくないもん（笑）。
——だから武藤敬司にも可愛げがあるから、なんか安泰っぽいですよね。ボクらもずっと会いたいですし。めっちゃとぼけてておもしろいし。
坂本　そうですよね。「この人、何を言い出すんだろうな？」っていうギリギリのおもしろさというか。まあ、それも大きくプロレスをやってるってことなんでしょうね。

TARZAN by TARZAN
ターザン バイ ターザン

はたして定義王・ターザン山本！は、ターザン山本！を定義することができるのか？「『猪木なら何をやっても許されるのか？』っていう前田日明のセリフというのはジャイアント馬場のプロレス観なんですよ。だってそれは馬場が猪木にいちばん言いたかったことじゃないですか。馬場の代わりに猪木を批判していたから前田は光ったわけですよ!!」

絵　五木田智央　聞き手　井上崇宏

第四十二章

キラー馬場マジック

「2023年は確実に飯伏幸太の時代になる！あっちこっちから引っ張りだこになりますよ」

——飯伏幸太が新日本を退団して、山本さんはツイッターでずっとはしゃいでますよね（笑）。

山本　そりゃはしゃぎますよ！　だって、もともと彼が新日本に所属すること自体がナンセンスだって俺は思っていたからさ。そんなどこかの組織に属するなんてまったく向いていないのに「なんでこの男はそんなことをやるのかなあ？」って当初から疑問だらけだったんよ。

——山本さんは入団する前くらいに『KAMINOGE』で飯伏と会って対談しましたよね。

山本　彼の思想的にも、感覚的にも、ああいう厳しい管理社会の新日本には向いていないじゃない。それでこういう結果になって「やっぱりな」っていうさ。

——「やっぱりな」感はありますよね。

山本　「やっぱりな。そうなるよな」と。でも言ってみればこの2年近く、飯伏は姿を消していたわけじゃない。これはデカイよぉ！　そのことがめちゃくちゃ大きな溜めとなって、2023年は確実に飯伏幸太の時代になる！　あっちこっちから引っ張りだこになりますよ。間違いないですからね、これ！

——長い空白があるからこそ時代を掴むと。

山本　消えていたぶんだけもの凄く爆発するわけですよ！　中邑真輔だってずっとアメリカでやっていて、それが今年の元旦にノアのリングに出てきたもんだから大爆発したでしょ。

——インパクトですね。

山本　そうそう。そういうことで言うと「飯伏は持ってるなあ！」っていうね。新日本に入ったこと自体は失敗しているんだけど、それが逆流してもの凄い波がいま起ころうとしているんですよ。だから俺はそのことを動画で撮って語ったんよ。録画時間は22秒！　そこで俺は「飯伏、おまえはフリーになった！　自由だ！　これからはおまえの時代だ！　立石に遊びに来い！」って言ってツイッターにあげたらさ、その再生数がなんと1万7000回！

——じつは山本さんのその動画を見かけて、ボクはあれを飯伏に送ったんですよ。そうしたら「ちょっといま治療中なので笑わせないでください」って返事がきました（笑）。

山本　あのね、俺の動画っていうのは通常2000回を超えたら御の字なんですよ。なんとそれがまさかの万超えというさ。ありえないよぉ。だって俺のツイッターのフォロワーは

1万しかいないんですよ？　それが1万7000回も見られたってことは、フォロワー以外の人も見てるわけよ。

——まあ、ツイッターってそういうもんですからね（笑）。

山本　だからさ、その数字を見た瞬間に俺は飯伏の今後の大きなブレイクが確実に見えたね！　ここで重要なのは、飯伏は新日本と揉めて、喧嘩して、トラブってこうなったわけでしょ。だからほかのマスコミの連中は新日本に気を使って、この件には下手に触れられないんよ。触れた瞬間に出入り禁止になるとまでは言わないけど、とにかく気をつかうと。そこでちょっとでも飯伏の肩を持つようなら自分の仕事がややこしくなるわけですよ。だからみんなシーンとね、腫れ物に触るかのように沈黙しているわけよ。だけど俺は能天気だからバシャッと言ったわけ！　それがああいう数字になって跳ね返ったんよね。つまり、ファンは俺のような言葉を望んでいたっていうことだよね。

——山本さん、今月の『KAMINOGE』は飯伏登場です（笑）。

山本　俺はね、完全にそう睨んでた！　これはもう飯伏以外にはないなと。もうどんどんやるべきよ。ほかの新聞記者やメディアはやらない、やれないんだから。

——やれなくはないと思うんですけどね、どうなんだろ。

山本　いやもう、楽勝よ。俺たちの楽勝！　独占！　ひとり勝ち！　しかも飯伏がおもしろいのは、カムバックの第1戦がアメリカのGCWっていうところだよね。このセンスというか振り方というのはうまいよねえ。普通だったらもうちょっとメジャーなところに行くわけでしょ。それがそういう小さなところから復帰するっていうのがさ、しかもそれを計算してやるところがアイツは曲者というかさ、煮ても焼いても食えない男だよねえ。

「飯伏幸太なら何をやっても許されるのか？全部許されるんですよぉ！」

——褒めてるのか、けなしてるのか。

山本　それと榊原さんが飯伏をRIZINに出そうとしてるじゃない。

——ああ、そうですね。あれはビックリしました。

山本　飯伏は運動神経が抜群だから格闘技にも対応できるわけですよ。その意味では格闘技をやる飯伏も俺は見てみたいなと。アイツが大きな飛び道具を出すとかさ、そういう格闘技戦を見てみたいんよ！　だから2023年は無限に可能性が広がったわけですよぉ。アイツは絶好のタマですよ！　俺は飯伏に会いたい！　いま無性にアイツに会いたいですよ。飯伏幸太なら何をやっても許されるのか？　全部許されるんですよぉ！

——前田日明の「アントニオ猪木なら何をやっても許される

KINGS ROAD

のか?」をなぞりましたね。

山本　あのね！　話は変わるけども、その「猪木なら何をやっても許されるのか?」っていう前田日明のセリフっていうのはね、俺から言わせるとジャイアント馬場のプロレス観なんですよ。

——えっ、馬場さんの?

山本　そうそう。だって、それは馬場が猪木にいちばん言いたかったことじゃないですか。

——たしかに馬場イズムだ。

山本　あの前田のセリフというのは馬場イズムなんですよ。つまり俺から言わせると、前田が新日内で猪木を批判したのは、馬場の視線に立って、馬場の代わりに猪木を批判していたわけですよ。だから前田は光ったわけですよ！　前田日明は馬場の代弁者だったわけですよ！　ルールを破る、何をやっても許されるのが猪木であって、それをいちばん嫌っていたのが馬場でしょ。つまりどんなに約束をしていても猪木は破ると。

——オールスター戦でタッグを組んだときも、試合後にいきなり馬場に対戦要求をしてきたり。

山本　猪木vs藤原で、猪木が反則行為をしながら勝利したときに前田が「猪木だったら何をやっても許されるのか！」って言ったんよね。だから前田は新日本の中で猪木を批判することによって、自分の知名度を上げたというか名前を売ったわけでしょ。その際に猪木の価値観とか思想で対立してしまったら同じ穴のムジナになるわけですよ。それが猪木とはまったく真逆の馬場的プロレス観で猪木を批判したからよかったんですよ！

——批判するという手法は猪木だけど、その中身は馬場なんですね。

山本　完全に前田は馬場なんですよ！　さらにおもしろいのは前田はアンドレ戦でも実証したんですよ。あのときは猪木サイドがアンドレをけしかけて前田を潰しにかかったとされているわけでしょ。それっていうのは構造的に力道山vs木村政彦なんですよ。普通だったらそこで前田は潰されるわけ。なのにそこで持ちこたえて逆にアンドレに戦意喪失させてしまったと。あれは前田が馬場を超えているわけですよ。

——実戦で猪木の仕掛けを跳ね返したことで、馬場超えを果たしたと(笑)。

山本　馬場超えしたんですよぉ！(笑)。あそこで前田は木村政彦の仇も取ったわけですよ。

——えっ、そこも?

山本　そこも！(笑)。

——ガッサリ持っていきますね(笑)。

山本　あの日の前田は木村政彦の立場から猪木を否定したわけですよ。力道山は何をやっても許される存在だったし、その構造が永遠に渦巻いていたわけですよ。それを猪木も継承したわけじゃないですか。さらにその猪木を否定したのが馬場。要するに猪木を否定するということは馬場側に立つしかないから、猪木にとって前田は目の中に入ったゴミみたいで嫌だったわけですよ。

「前田日明の足跡をあらためて辿ると、あれは〝格闘王〟って言われていたけど、そうじゃない。〝馬場王〟なんですよ」

――なるほど。

山本　さらにおもしろいのは、前田が「何をやっても許されるなら、いっちょやってしまえ！」っていうことでやったのが長州への顔面蹴りですよ。あれは今度は自分が猪木の立場になってやったらどうなるかを試したんよ。そうしたらさ、おもしろいことにそれに対して猪木が「プロレス道にもとる」って言ったんよね。

――馬場降臨！（笑）。

山本　あそこで今度は猪木が馬場になったんですよぉぉ！（笑）。猪木にそれを言わせたことで前田は勝った！　時代を獲ったんよ！

――馬場超えどころか、BI砲超えをも果たしたと（笑）。

山本　猪木に本音を言わせたってことで前田はガッツポーズしたわけですよ。でもさ、さらにおもしろいのは、新日本はニールセンを刺客として呼んできたわけですよ。それで前田を潰しに来たんよ。でもあの前田vsニールセンの異種格闘技戦っていうのは、まあ馬場的な異種格闘技戦なわけですよ。

――馬場vsラジャ・ライオンですね。

山本　要するにプロレスなんですよね。猪木の異種格闘技戦だったら、勝負論があって、ギリギリの緊張感があって、潰すか潰されるか、生存をかけた闘いになるわけですけど、あれはそうじゃなしに、馬場的空間の予定調和された異種格闘技戦なんですよ。だから危険性がないんです。その部分でも前田の足跡が全部わかるわけですよ。

――猪木と馬場ふたつ我にありと。

山本　そうそうそう。どうしたら自分が猪木の対立概念になれるのかと考えた場合、馬場の論理を持ってこないことには猪木を否定することができなかったわけですよ。自分も猪木イズムをそのまま継承してしまったら猪木には負けるから、真逆の思想で前田は馬場化していたんですよ。

――馬場化（笑）。

山本　このことはこれまで誰も言っていないけども、そこが大きな真実ですよ。そして猪木がやった異種格闘技戦というのは、猪木のホームグラウンドでやる一種のエゴイズムみたいなものじゃないですか。

――ホームグラウンドでやるエゴイズム（笑）。

山本　それはあまりにもえげつなすぎると。もっと透明感があるものにしなきゃいけないっていうことで前田は馬場的な

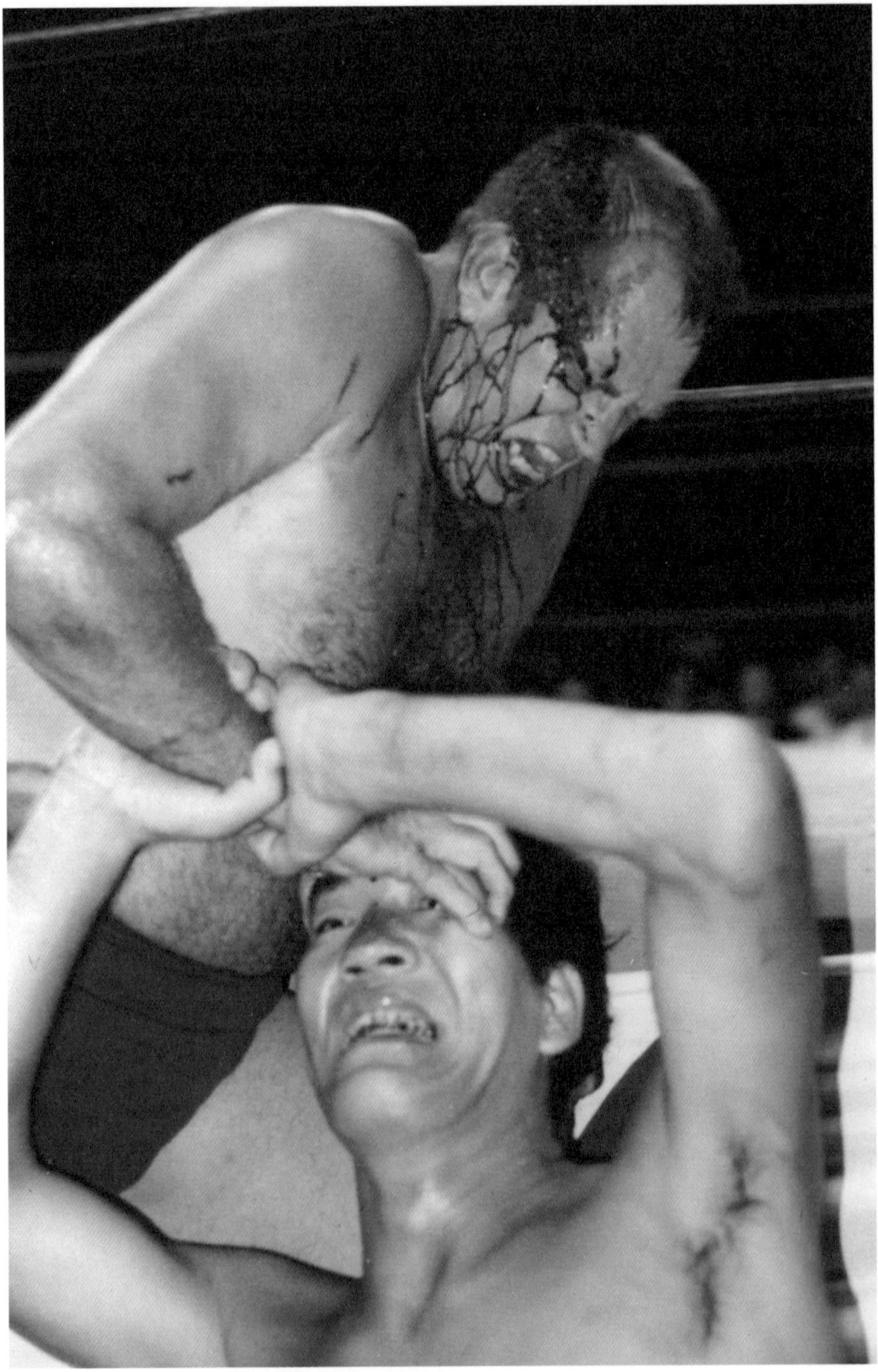

格闘技という思考でリングスを興したわけですよ。つまり前田の理想は、馬場的な格闘技の世界だったんよ。だからリングスという綺麗な宇宙を作ることがわけですよ。

——たしかにリングスって全日本っぽさがありますよね。どちらも外国人天国だし。

山本　リングスは完全に前田的な予定調和の最たるものだから非常に全日本っぽいんですよ。そこでも整合性があるわけですよ。前田日明の内なるところには馬場的なものがあったということですよ。だから前田の足跡をあらためて辿ると、あれは「格闘王」って言われていたけど、そうじゃない。「馬場王」なんですよ。

——馬場王！（笑）。

山本　ね、リングスってめちゃくちゃ全日本っぽいでしょ？　外国人選手ばっかりなのにフォア・ザ・チームで、外国人優遇。それで日本人選手は優遇しないどころか酷使するっていうのも完全に馬場ですよ（笑）。外国人だけにはいいカネを払うところなんかそっくりですよぉ。それで自分はカレリンと試合をするわけじゃないですか。あれも馬場がＮＷＡ世界チャンピオンとやるのとそっくりですよぉ。だから馬場は猪木と相対化する意味でもラジャ・ライオンとやる必要があったんですよ。「猪木の異種格闘技戦はこういうものだよ」というのを見せつけたようなものですよ。もう全部がつながってるんだよね。

「馬場さんはイチャモンをつけてきたヤクザを全部ぶっ飛ばしたって言ってたからね。絶対にウソを言わないから」

——でも全日本はなぜあのとき唐突に異種格闘技戦をやったんですかね？　長州vsトム・マギーもそうですけど、あれは誰が企画したんですか？

山本　誰がやったんだろうねえ。

——あれは山本さんは関係ないですよね？

山本　関係ない、関係ない！　あれはおそらく馬場さん本人ですよ。

——いけしゃあしゃあと本人持ち込み企画（笑）。当時の馬場さんのコンディションで異種格闘技戦で見せてやろうって、よくそんな気になれましたね。

山本　（急に小声になり）いや、馬場さんは自分のことをシューターだと思っていたからね。

——えっ、ウソでしょ!?　それはウソですよ！（笑）。

山本　本当なんよ。「俺は若いときにフレッド・アトキンスにコレ（シュート）を朝から晩まで教えてもらってるから」と言っていたからね。だからアメリカでどんなヤツがコレを仕掛けてきても全部やっつけたと。あのね、アメリカでエドワード・カーペンティアが仕掛けてきたらしいよ。それも馬場さんが潰したらしいけど。

――ウソだー？（笑）。

山本　本当なんだよ。

――本当なんだ。

山本　だから馬場こそがシューターなんですよ。

――じゃあ、馬場さんの「シューティングを超えたものがプロレス」っていうのは実体験から生まれた定義なんですか？

山本　実感ですよ！

――山本さん、正気ですか？（笑）。

山本　だってアメリカで成功するにはコレができなかったら日本人はやっていけませんよ！

――その手の話はよく聞きますけど、馬場さんもそうだったんですか？　いくら仕掛けられても全部返り討ちにした？

山本　返り討ちにした！

――エドワード・カーペンティアを余裕で潰した？

山本　潰した。超余裕。

――……それは誰が言っていたんですか？

山本　馬場さん。

――マジかよ。

山本　またあるところではさ、ヤクザがイチャモンをつけてきたことがあったらしいんよ。馬場さんはそのヤクザそのも全部ぶっ飛ばしたって言ってたからね。

――それって馬場の前田化じゃないですか。前田さんが六本木で黒人の米兵をシバいたっていうのと似てるなあ。

山本　いや、馬場さんは絶対にウソを言わないから。「山本、おまえだけに教えるよ」って言って教えてくれたんよ。

「俺はハッキリ言ってピッチャーをやってたんだぞ。スナップは凄いんだって馬場さんは言っていたからね」

――「おまえ、こういう話が好きだろ？」って（笑）。

山本　それでね、フレッド・アトキンスというのは前座の試合しかやっていなかったわけですよ。だからコレをやる必要はないのにその練習をホテルでガンガンにやるらしいんよ。それで日曜日にもコレの練習をやるらしいんだけど、馬場さんはそれをサボって競馬に行ったら、アトキンスが1カ月間も口をきいてくれなかったらしいよ。

――そのエピソードはちょっとよくわかんない（笑）。

山本　それで馬場さんは俺にこう言うんですよ。「NWAの世界王座、あんなもん、俺はアメリカの地方で3回もチャンピオンになってるんだぞ」って。

――はあ。

山本　俺にそう言ってたんですよ！

――でも、たしかにボクが小学生のときに初めて全日を観に行って、試合前の会場の外で入り待ちをしていたんですよ。それで到着した選手バスから馬場が出てきたときに「怖い！」って思いましたからね。

山本　そうでしょ？

――馬場さんって実際に見るとめっちゃ怖いですよね。

山本　怖いよ。もう目つきが凄いもんね。

――猪木さんって柔らかいじゃないですか。「どうもー」って。

山本　しかも馬場さんは無愛想だしさ。

――本当に近くで見たらヤクザでしたよ。

山本　馬場さんがね、こう言うんですよ。「俺のことをみんな『アッポー』なんて言うけど、俺はハッキリ言ってピッチャーをやってたんだぞ。スナップは凄いんだ。だから俺がバチンとやったらもの凄くダメージが大きいんだ」って。

――ねえ、それ本当に言ったんですか？（笑）。

山本　だって俺は直で聞いたんだから！

――山本さん、いたずらにキラー馬場ブームを起こそうとしてません？（笑）。

山本　まあ、馬場さんはあるテレビ番組で「なぜロープに飛ぶんですか？」って聞かれたときに「催眠術にかかってるから」なんて言ってたけど、俺があるときに「なんで力道山の空手チョップでワン、ツー、スリーになるんですか？」って聞いたら、「あれはノドにモロに入れてたからだ」って言ってたからね。

――喉笛に。

山本　うん。バチーンとね。

――急所だ。ちょっと待ってください、それ本当に馬場さんが言ってたんですか？（笑）。

山本　言いましたよ！　俺がウソを言うわけないじゃないですか！　すべて本当のことですよ、これは。

――それを馬場さんからオリガミで聞いたんですか？

山本　ほとんどオリガミで聞いた話だよ。

――そして馬場さんはウソは言わない人だと。

山本　もうね、俺は馬場さんとは300回くらいメシを食ってるから、ウソをつくような人ではないってことがわかっているわけですよ。

「馬場さんって1年間ダラダラと試合をしていたわけですよ。それがNWA世界チャンピオンが来たときだけカーッとなった」

――ボクは今日初めて聞く話ばかりでびっくりしましたよ。

山本　だってそれは、残念ながら俺たちは馬場さんの全盛期を知らないんよ。

――山本さんも知らないんなら、ボクなんかは知る由もないですね。

山本　さらにもっと若い頃の話なんて知らないでしょ。アメリカでの全盛期時代を。

――やっぱり本物のシューターじゃなければ、あの時代のアメリカでは……。

山本　いやもう、絶対に成功できませんから！　これ全部本当だから。

――ちなみに馬場と前田だったらどっちが強いですか？

山本　あきらかに馬場ですよ！　1990年2月10日の新日本のドームに全日本から鶴田とかが出たことがあったでしょ。あのとき馬場さんはハワイにいたわけよ。それで馬場さんがハワイから渕正信に「おまえたちがセコンドにいろ。それでもしも新日本がちょっとでも変なことをしようとしたら、リングに雪崩れこめ」って指示したんですよ。

――有事の際は試合をグチャグチャにして壊してしまえと。それも馬場さんから聞いたんですか？

山本　聞いた。シューター馬場だからこその指示ですよね。そうじゃなかったら、ジン・キニスキー、ディック・ザ・ブルーザー、フリッツ・フォン・エリック、ボボ・ブラジルなんかとはまともに試合できませんよ。猪木には無理だよぉ！（笑）。

――それ、本当ですか？

山本　それはもう井上くんはアントニオ猪木に侵されているからですよ。人は何を信じたいかで決まるわけですよ。いまさらここでジャイアント馬場を信じてしまったら、自分のアイデンティティが崩壊するわけですよ。だからいま馬場の事実を知ったことによって、井上くんのアイデンティティは崩壊しかけているわけですよ！

――なんかもうこのエピソードだけで馬場さんを表紙にしてもいいくらいですよね。なんかもっとキラーエピソードをください（笑）。「2023年、キラー馬場ブーム到来！」。飯伏じゃなくて馬場さんを表紙にしようかな？

山本　いや、今回は飯伏ですよ！

――あっ、やっぱそうですか？

山本　何を言ってるんだよ！　絶対に飯伏だよ！（笑）。

――でも馬場が表紙で、「飯伏幸太」って名前が入ってたらオシャレじゃないですか（笑）。でもそれはやったらダメですね？

山本　ダメ、ダメ、ダメ！　絶対に飯伏！

――馬場さんの話は信じていないですけど、ボクはターザン山本の話は全部聞きますんで。では予定通り飯伏が表紙ですね。

山本　飯伏！　絶対に飯伏！

――わかりました。あー、どうかしてた。なんかネタがフレッシュすぎて馬場を表紙にするところでしたよ。あぶねー。

山本　馬場さんも言葉の達人だから、どうやって話したら最大の効果があるかっていうことをわかっている人なので、あるポイントだけをポツンと言うわけですよ。そうするとこっちは洗脳されるわけですよ。秘密の扉を開けてきて「おまえだけにしゃべったよ」という雰囲気を作る天才なんですよ。

そうするとこっちは信じるわけじゃないですか。「あっ、俺だけにしゃべってくれたんだな」って。

――聞いたほうは無条件でうれしいですもんね。

山本 うん。そういうマジックみたいなものを馬場さんは持っていたよね。

――キラー馬場マジック。

山本 それを棚卸し殺法と言うんですよ。

――なんですか、棚卸し殺法って？

山本 つまり馬場さんって1年間ダラダラと試合をしていたわけですよ。

――年間を通してダラダラしてた。

山本 それがNWA世界チャンピオンが来たときだけカーッとなって、ジャンピング・ネックブリーカー・ドロップを繰り出すわけですよ。あれは棚卸し殺法ですよ！

――ああ、年一だから棚卸し。

山本 棚卸しと同じことですよ。それ以外ではまったく使わないんだから。その日のために温存しているわけですよ！

ターザン山本！（たーざん・やまもと）
1946年4月26日生まれ、山口県岩国市出身。ライター。元『週刊プロレス』編集長。立命館大学を中退後、映写技師を経て新大阪新聞社に入社して『週刊ファイト』で記者を務める。その後、ベースボール・マガジン社に移籍。1987年に『週刊プロレス』の編集長に就任し、"活字プロレス""密航"などの流行語を生み、週プロを公称40万部という怪物メディアへと成長させた。

「電気グルーヴの古い本を読んでいたら兵庫慎司さんが登場していらっしゃいました」（吉泉先生）

変なこと言って悪かった
許してくれ
誰でもいいってわけじゃないんだ
いや……でも私
ガサッ
頼むから
友達からで……
アイアンマスク
どういうことなのこれ！
なんでワイルドキャットとデートしてんのよ！
あっ
オクトパスガール
私と結婚したいんじゃないの!?
だって君が断ったんじゃないか
え？

一回や二回断ったからってなに？
恋はそこからじゃないの？
なんなのこれ？
本当に誰でもいいんじゃん
あうあう
ちょっとはガッツ見せろってんだよ
ミスターZYXが諦めろって言うから……
人に言われてはいそうですかって諦めるわけ？
あんたバカなの？
アイアン最低
二度と連絡しないで

ピロリン
ピロリン
はい
もしもし
どうした
ワイルド
キャット
デート
は？
ガー
デートも
クソもないよ
アイアンが
最低なら
蟻の穴も
最低だし
ははは
ミスター
ZYXが
とにかく
最悪
そうだろ
そうだろ
もう誰も
信じらんない
ははははやっと目が
覚めたか
もう金なんか
払うなよ
あんた
だって
アイアンのこと
いいとか言って
ふざけるな
ガー
え
覚えてろ
よ
バカ
あ……
17:31
通話終了
切れた

KENICHI ITO

涙枯れるまで泣くほうがEマイナー

VOL.27

レジェンドたちにアームロックを習う

伊藤健一

（いとう・けんいち）
1975年11月9日生まれ、東京都港区出身。格闘家、さらに企業家としての顔を持つため"闘うIT社長"と呼ばれている。ターザン山本！信奉者であり、UWF研究家でもある。

みなさん、心から笑えてますか？

正直、私はここ2年以上、心から笑えていないのです。

その原因は、もちろん『KAMINOGE』読者ならご存知、通称〝水道橋の惨劇〟である。2020年10月におこなわれた『QUINTET FIGHT NIGHT5 in TOKYO』に宇野薫チームとして出場した私は、中村大介選手の得意のアームロックにビビってしまい、開始数秒で食らってそのままタップアウトした、あの無様な夜が2年半前だった。

ついでに練習でも、所英男にアームロックでボロ雑巾のごとくチンチンに極められまくり、周囲からは〝アームロック鬱〟とまで囁かれるようになっていた。

そもそも、中村選手とは階級が違うし、試合する機会は今後ないだろう。しかし練習といえども、同階級である所英男にこれ以上ヤラれるわけにはいかない。だから私はあえて彼らの得意技であるアームロックを徹底的に研究し、逆に所英男をアームロックで極めてやると決意した。

いまはYouTubeなどで簡単にテクニックを研究できる時代ではあるのだが、アームロック自体は昔からある技なので、カールゴッチやアントニオ猪木らといった〝先人の知恵〟を吸収するべく、格闘技会場でレジェンドたちに会うたびに質問をしまくった。

中井祐樹先生からは「伊藤くん、最後はキムラ（アームロック）なんだよ」と金言をいただき、リングス参戦時にスタンディング・アームロックを極めたこともある平直之さんからは相手の手首の持ち方のコツを、そして師匠の髙阪剛からは、極めるときの体重移動の仕方を教えてもらった。

NYのヘンゾ・グレイシー道場に練習に行ったときには、たまたまヘンゾ本人がいて直々にアームロックを教えてもらった。

ヘンゾの技というのは、いまでもストリートファイトをやっているからなのか、全部がエグい。当然の如く教わったアームロックもエグかった。もしかしたら相手の肛門に指を入れたり、目ん玉に指を入れるほどのエグいことをやる〝ゴッチ流〟と共通してる部分は多いのかも知れない。

ABEMAの収録スタジオで会った前田日明からも教わることができた。詳しいことは『KAMINOGE』112号の小生のコラム「前田日明のアームロック」を読んでほしい。

このように、これまでいろんな人にアームロックを教わってきたが、みんな共通するポイントは同じであった。しかし前田だけが皆とは真逆のやり方だった。

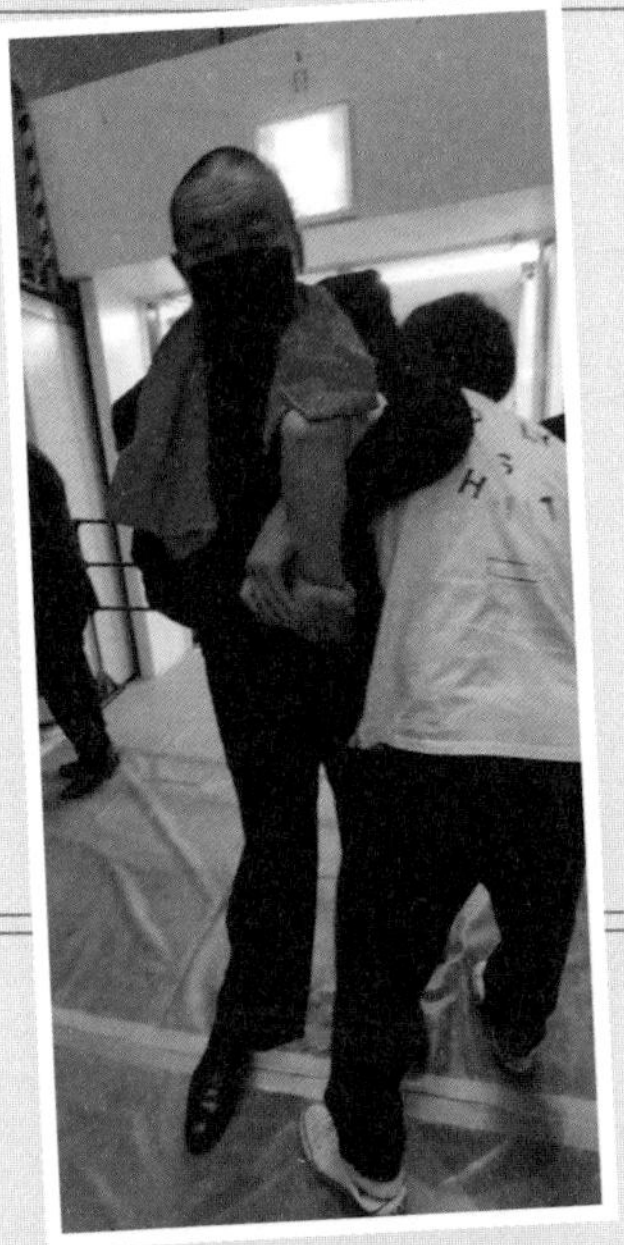

これはべつに前田が間違っているというわけではなく、前田は人一倍身体も大きいし、パワーもあるからやり方が違うんだと思う。

手首の持ち方や、細かい体重移動など考える自分がチンケに思えてしまうほどに、相手の腕をぶっこ抜く豪快な極め方だった。べつに会員さんを相手に商売をしているわけでもないし、道場生相手のセメント練習だから成立しているやり方だ。

師匠の髙阪さんも「前田さんの技は荒くて、危険で、怖い」と言っていたし、絶対に前田とはスパーリングしたくないな（笑）。

そしてなんと最後は昨年末、〝関節技の鬼〟こと藤原組長にお会いすることができたのでご教授いただいた。

じつは私は組長から「アキレス腱固めの達人の健ちゃん」と呼ばれていて、「俺のプロレス人生、なんにも残らないと思ったけど、おまえがいた」と言われるほど寵愛を受けている。

小さい頃から憧れた「藤原教室」を、贅沢にもパーソナルレッスンで受けることができて最高の時間だった。その「藤原教室」で、ゴッチ流、そしてグレイシー柔術のエッセンスも入っている私のアームロックはついに完成した。

あとは所英男を極めるのみ。

所は大晦日の『RIZIN.40』でジョン・ドットソン選手に負けて気が抜けているはずだから、「年明けの練習にチャンスあり」と、しっかりとコンディションを整えて練習に向かった。

そして新年最初の所とのスパーリングで、各レジェンドたちから教わったやり方を実践し、いいアームロックの形に入ることができた。そして最後は前田に教わったやり方で、所の腕をぶっこ抜く。

たまらず所タップ!!　やったぜ!!

我々は競技の世界にいるので、練習で極めたとかはなんの意味もないし、所を極めてもまだ心からは笑えてはいない。

だから今年は試合でアームロックを極めて、心の底から笑いたい。

マッスル坂井と真夜中のテレフォンで。

2/8

MUSCLE SAKAI DEEPNIGHT TELEPHONE

(※今月は電話ではなく直接対面しております)

「この腕時計は私が懇意にさせていただいている社長さんが、2年前に私の社長就任祝いでくれたの。とても高貴な方だからお名前は出せないんですけど、『坂井さんにはオリスだと思っていたよ』と。それで前々から目をつけていたと言われる長岡市の貴金属店でこのオリスを購入していただきました」

「マジで社内のプロフェッショナルが総出で作った。坂井精機70年の技術の結晶ですよ」

――坂井さん、いらっしゃいませ。

坂井　ご無沙汰しております。

――東京にはちょくちょくお仕事で来られているんでしょうけど、ウチの事務所に遊びに来るのは1年以上ぶりですか?

坂井　そうかもしれませんね。

――で、いま夜中の0時ですが、YOUは何しに編集部へ?(笑)。

坂井　今日はなんとスーパー・ササダンゴ・マシンのプラモデルを奉納にやってまいりました!

――奉納? あっ、私が神社のせがれであるからして、そのような言い方を?

坂井　そうです。ここ、足高神社の分社でしょ。

――SNSなどで見かけてはいたんですけど、なんですか、スーパー・ササダンゴ・マシンのプラモデルって?

坂井　フフフフ。だってほら、ウチ(坂井精機)は金型屋ですからプラモデルを作れるんですよ。これまで作ったことがなかっただけで。このコロナ禍で「おうち時間」が増えて、プラモデルを作っているおじさんがいっぱいいたでしょ?

――俺は知らない風習ですけど、まあ、たくさんいておかしくはないでしょう。

坂井　その中で私もプラモデルを金型から作っていたという。

――自粛期間中にプラモデルを作っているおじさんたちがいるように、坂井さんもプ

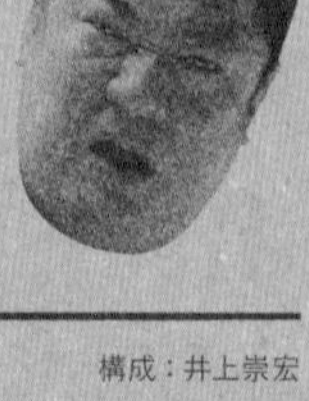

構成:井上崇宏

ラモデルを設計、開発していたと（笑）。

坂井　要は「ステイ・ファクトリー」。

——直訳すると「工場にいろ」。

坂井　ステイ・坂井精機の時間が増えたのでね。べつに俺自身が図面をひいたり、工作機械をまわしたりとかはしないんですけど、社長としての動きというか「お願いします！　お願いします！」と社内で頭を下げ続けてやっとできたという（笑）。でもこれまで怠慢でしたよ。だって新潟に帰って坂井精機に入った2010年からやっていなければいけなかったことですよ。

——もう新潟に戻って13年になるんだ!?

坂井　そうなんですよ。

——じゃあ、せがれも「もう中学生」？（笑）。

坂井　今年からもう中学生。近所の公立中学校から入学許可がおりた（笑）。マジでこれはもっと早くに着手すべきだった。

——え～と、ちょっといいですか。「全6色の成型色で誰でも簡単に本格的なササダンゴ・マシンが製作いただけます。完成品は実際の身長（183センチ）の12分の1サイズ。シンプルな可動域で様々なポージングが可能です。あなただけのササダンゴ・マシンを存分にお楽しみください」と。そして発売元が「坂井精機株式会社 プラモデル事業部」。新しい部署ができたんですね？

坂井　私ひとりですけども。

——ちょっとこれ、開けてみてもいいですか？　このパッケージもなんか気がきいてるというか。

坂井　ロボットのプラモデルとかではなく、インディーズレーベルから出ている高いガレージキット感と言いますか、あとはスニーカーの箱っぽいでしょ。

——ちゃんと組立説明書もついてる。

坂井　私が書いた説明書がついています。

——私も昔SAKUベルトを世に出したから、この説明書を作る大変さたるやわかりますよ。あっ、でも説明がわかりやすそう。

坂井　でも組み立てるのはなかなか難しいですよ。頭を使う。

——えっ、これは通販限定なの？　説明書に書いてあるけど。

坂井　あっ、その説明書がそうなのかもしれないです。

——えっ？　通販限定の説明書？

坂井　通販限定の説明書ですよ。

——どういう意味？（笑）。

坂井　いや、わからないよ。俺もそこに通販限定って書いてあるっていうのは、いま言われて初めて気づいたんだから。

——「通販限定組立説明書」って書いてある。えっ、店頭で買ったら違う説明書があるわけ？

坂井　店頭で買うときは紙質が違うのかもしれないです。

——なぜ？

坂井　もうちょっと……注意書きとかが多いのかもしれないですね。

——どういうこと？

坂井　だから「対象年齢」を入れたりとか。

——あっ、ちょっといいですか？　通販限定組立説明書の裏面に「このたびは社運をかけたプラモデルをご購入いただき誠にありがとうございます。新潟県新潟市東区の金型メーカー、坂井精機株式会社の坂井良宏と申します。覆面プロレスラーのスーパー・ササダンゴ・マシンとしても活動しています。自分自身のプラモデルを自社の金型技術を駆使して製作いたしました。そんな話、これまで聞いたことがないので世界初かもしれません。喧伝のほどよろしくお願いいたします」と。

坂井　それ、そのまま『KAMINOGE』に載せてくれたら喧伝完了ですよ。

——これ、奉納していただいたからにはちゃんと作ってみたいと思います。

坂井　いいニッパーを買ってね。

――校了したらね。あっ、これって着色する必要がないんだ？

坂井　そう。最初から6色ですから。たいしたもんでしょ？　なんせ社運をかけていますからね。

――しかし自分の会社で自分のプラモを作って売るって、とんでもないエゴイストだよね。

坂井　そうですよね（笑）。でも、ほかの人のプラモデルだったら「似てない」とかって言われたときに責任が取れないじゃないですか？　私の権利関係や契約関係ってサイバーファイトもユルユルですし、知的財産権を自分で持っているので、特に誰に迷惑をかけることもなく作れるんですよね。それで多少は私と違う部分というか、ちょっと成型の樹脂が足りていない部分とかがあったとしても、私自身を変えればいいだけなんで（笑）。

――でも、この肩のフォルムとかそっくり。そして、なぜか下半身は筋骨隆々でめっちゃ鍛えあげられている（笑）。

坂井　上半身と比べたらやっぱ細くて、バランスは悪いけどちゃんと立つっていう。そういうありのままの中年男性レスラー感もちゃんと出てるかなと。

――いや、坂井さん。このプラモデルはじつに素晴らしい。本当にプロフェッショナルな人たちの遊び心だよね。

坂井　マジで社内のプロフェッショナルが総出で作ってるんで。坂井精機70年の技術の結晶ですよ。

――創業70年？

坂井　そう。これは「70年記念事業」ですよ（笑）。

――ちなみにお父様であり、会長の坂井良夫さんはこのプラモデルに関してはなんと？

坂井　まあ、最初は大反対というか失笑ですよ。でも俺がもう勝手にコソコソとやってましたから。そして完成しそうになった頃あたりからはちょっとでも噛もうと思ってバンバン来てますよ。

――良夫さんが？

坂井　「いま成型はどれくらい終わってるんだ？」とか。

――進捗を聞いてくると。

坂井　「どれくらい売るんだ？」とか。なんなら最近は自分も通販サイトのＢＡＳＥにログインしたがってますよ。

――ログインしたがってるってどういうこと？（笑）。

坂井　「どういう人が買ってるんだ？」とか「いま何個だ？」みたいな感じで。そこで俺は「いや、ここにはお客様の個人情報が載っているので見せられませんよ」と言って制するんですけど。

――ああ、こっち側の管理画面ね（笑）。

坂井　いまや会長は管理画面を覗きたがってるんですよ（笑）。

「ちょっと『オリス 有名人』で検索すると私が出てくるんじゃないですか？」

――いやあ、楽しそうでいいなあ。あれ？　坂井さんのその腕時計はなぁに？

坂井　えっ？　ああ、電話じゃ絶対にならない会話ですね。これはＯＲＩＳ（オリス）っていうスイスのブランドのダイバーズウォッチですよ。

――初めて聞いた。なんでオリスと出会ったの？

坂井　これはですね、懇意にさせていただいているとある企業の社長さんが、２年前に私の社長就任祝いでくれたの。

――じゃあ、いいやつなんだ。

坂井　たしか30万くらいすると思います。

――30万？　ちょっと待った……。貴様、憶えてるか、15年ほど前の腕時計にまつわる出来事を……。
坂井　げげっ！　ちょ、ちょっと待ってください……。
――あの頃、俺は奇しくも30万の腕時計をしていて、それを見て貴様はなんて言ったよ？
坂井　や、やめて。
――「安そうな時計してますねえ」。
坂井　キャー！　やーめーてー！　これは頂き物の時計なんだから、そういう値段とかで価値の決まるものではないんだから……。
――あれと同額の時計を嬉々として着けてるのか、貴様は（笑）。
坂井　マジでこのくだりはカットしてもらっていいですか？（笑）。その社長さんは高貴な方だからお名前は出せないんですけど、『KAMINOGE』を毎号読んでいますからね。
――高貴だなあ。
坂井　やっぱね、我々のようなカジュアルな格好が多い人間には、このグレーのラバーベルトがいいんですよ。
――あっ、パッと見た瞬間、ベルトだけ自分で替えたなと思ったけど、純正オリスなんですね。
坂井　自分でちょっとカジュアルダウンしたと思った？
――そうそう。「余裕だよ」みたいな（笑）。
坂井　ベルトも本気のオリスです（笑）。その社長さん、「坂井さんにはオリスだと思ってた」って言ってました。それで前々から目をつけていたと言われる長岡市の貴金属店でこのオリスを購入していただきました。
――でも社長就任祝いで腕時計だなんてうれしいよね。
坂井　うれしかったですね。ちょっと「オリス 有名人」で検索すると私が出てくるんじゃないですか？
――えっ？　ちょっと「オリス 有名人」でググってみるけど……あっ、出た。ディーン・フジオカ。
坂井　おーっ。
――大谷亮平が『逃げるは恥だが役に立つ』で着用。
坂井　ほうほう。
――鈴木伸之、劇団EZILE、あとは山ピーが『MONSTERS』で着用。上戸彩さんが『絶対零度〜未解決事件特命捜査〜』で着用。ちょっと待った。出た、ドゥエイン・ジョンソンさん（笑）。
坂井　武藤さんの引退試合の相手を務めなかったことで有名な、ドゥエイン・ジョンソンさんも愛用しているオリス。
――『ワイルド・スピード』で着用と書いてあります。
坂井　みんなプライベートでは着けてないのか。まあ、坂井良宏さんもスーパー・サダンゴ・マシンとして着用しているわけだからいいのか。
――あ、出た。「オリス 時計 評判」。
坂井　やめてくれよ、もう（笑）。
――「夏とスパイダーマンに合うダイバーズウォッチ」。
坂井　夏とスパイダーマンに合う？（笑）。じゃあ、「ササダンゴ・マシンのマスクと合うダイバーズウォッチ」と言っても過言ではないってことだよね。やっぱり高貴な社長さんは全部わかってたんだなー。マジで毎月『KAMINOGE』を読んで感想をくれますからね。
――じゃあ、ちょっといいように書いておくね。
坂井　ここで話題に出たとなったら凄く喜ばれるんじゃないですかね。そして、さらに新しいオリスが私の手元に届くと思います（笑）。

№135 **KAMINOGE**

次号 KAMINOGE136 は
2023 年 4 月 5 日（水）発売予定!

HOLY SHITすぎて手に負えない。
でも復活おめでとう。
HOLY SHIT
HOLY SHIT

2023 年 3 月 13 日
初版第 1 刷発行

発行人
後尾和男

制作
玄文社

編集
有限会社ペールワンズ
（『KAMINOGE』編集部）
〒 154-0011
東京都世田谷区上馬 1-33-3
KAMIUMA PLACE 106

WRITE AND WRITE
井上崇宏
堀江ガンツ

編集協力
佐藤篤
小松伸太郎
村上陽子

デザイン
高梨仁史

表紙デザイン
井口弘史

カメラマン
タイコウクニヨシ
工藤悠平
橋詰大地

編者
KAMINOGE 編集部

発行所
玄文社
［本社］
〒 107-0052
東京都港区高輪 4-8-11-306
［事業所］
東京都新宿区水道町 2-15
新灯ビル
TEL:03-5206-4010
FAX:03-5206-4011

印刷・製本
新灯印刷株式会社

本文用紙：
OK アドニスラフ　W A/T 46.5kg